栃木の建築家とつくる家

建築ジャーナル編集部【編】

A House You Build with an Architect in Tochigi

建築ジャーナル

はじめに

家づくりは人生最大のイベントです。

限られた予算のなかで、あれもしたい、これもしたいと、

望みは数限りなく出てくるもの。

そこで重要なのは、誰に頼むか、です。

ハウスメーカーや工務店でしょうか。それともいっそ建売住宅にしますか？

あなたがもし、本当にすみずみまで自分の考えが反映された

満足のいく家をつくりたいと考えるなら、

そのとき最も頼りになるのが、「建築家」です。

「建築家に頼むと、設計料の分だけ高くなる」といわれますが、

ハウスメーカーや工務店では、工事費の中に設計料が含まれ、

しかも建て主の立場で工事を監視する機能がほとんど存在しません。

建築家はプロの目で工事現場をチェックし、

手抜きや不適切な工事を未然に防ぎ、建て主の利益を守ります。

トータルに考えると、結局、建築家に頼んだほうが安くあがる場合が多々あります。

終始、建て主の考えによりそい、それを限られた予算のなかで

最大限に実現するのが、建築家の役割なのです。

本書では、栃木県で活躍する建築家14人と

彼らが建て主とつくりあげた代表的な住まいを紹介しています。

建築家の考え方や趣味など、人間像にも触れています。

このなかから、あなたの家づくりに

最も合ったパートナーを見つけてください。

今、建築家との家づくりを望む人が増えている!!

「建築家に依頼して家を建てるのは、ごく限られた裕福な人のみ」
というのは過去の話。最近はテレビや雑誌で建築家が
紹介されることも増え、建築家紹介サイトが活況を呈しています。
それと連動して、ごく普通の暮らしをする人々が
建築家と家づくりをすることで、自分らしい、納得のいく住宅を
手に入れる姿が多く見られるようになってきました。
なぜ今、建築家との家づくりを望む人が増えているのか、
そして「建築家との家づくり」とはどのようなものなのかを解説していきます。

なぜ建築家との家づくりを望む人が増えているのか

❶自分で情報を得て、納得したものを選びたい

インターネットの普及により、調べようと思えば、いくらでも情報が得られる時代。これまでは数種類の規格化されたお仕着せの情報や商品から選ぶだけでしたが、自分で得た情報の中から、十分に検討した上で納得したものを選びたいと考える人が増えています。

家づくりにおいても、「一生に一度だからこそ、納得したものにしたい」との思いが強まるのは当然のことといえるでしょう。

❷既成概念にとらわれず、「自分にとって何が必要なのか」を自覚した人が増えている

体面や体裁をとりつくろうための家づくりが主流だったのは昔の話。家にいる時ぐらいは自分らしく、快適に、リラックスして過ごしたいと考える人が確実に増えています。家は「生活の器」であるという感覚は当然のものとなりつつあるのではないでしょうか。

「建築家が設計すると奇抜な家ができるのでは」との心配の声をいまだに聞きますが、それは遠い昔の大家と言われた建築家のこと。現代の家づくりに携わる建築家は「いかにその人らしい住まい・暮らしを形にするか」に心を砕いています。

❸独立した第三者としての建築家

耐震偽装事件などをきっかけとした建設界への不信から、家づくりにおける不明瞭さ、不安を解消するために、独立した第三者である建築家との家づくりを選択する人が増えているという部分もあるようです。

大手のハウスメーカーで家を建てる場合、私たち一般の建て主は、専門知識や交渉力をほとんど持っていない状態で、一個人として大手のハウスメーカーと取引をしていることになります。うまく行っている間は問題ないのですが、工事中に、あるいは住宅完成後に問題が発生した場合、建て主の側に立って交渉をしてくれる専門家がいないということになります。

建築家との家づくりでは、あとで詳しく説明するように、工事を行う施工者から独立した立場で建築家が関わります。専門知識と経験をもった建て主の代理人として、施工者への交渉や指示を行いますので、建て主は安心して家づくりに取り組めるという利点があるのでしょう。

❹建築家に頼むと設計料の分だけ高くなるというのは「ウソ」という認識が広まりつつある

「建築家に設計を頼むとコストが高くなる」というのは、実は間違った認識です。ハウスメーカーや工務店との家づくりでも、当然ながら設計料はかかっているのですが、設計者と施工者が同じ会社に所属しているため、設計料を工事費に含めて計上することができてしまいます。そのため、建て主には「設計料はかかりません」といった営業トークをすることができるというわけです。

さらにハウスメーカーの場合は、建て主の支払ったお金から、住宅の工事費のほか、営業マンの給料、CMなどの広告宣伝費、住宅展示場の維持費などもまかなわれています。建て主の支払ったお金のすべてが建て主自身の家づくりに使われているわけではないのです。

建築家との家づくりでは、建築家が総予算を踏まえながら家づくりにかかるコストを管理します。建て主が支払ったお金は、建築家の設計・監理料と住宅の工事費、家づくりに関わる登録や諸経費など、すべて無駄なく家づくりに使われます。

したがって、ハウスメーカーと同じ金額をかけて家づくりをするなら「建築家との家づくりのほうが断然いい住宅ができる」ということがわかるのではないでしょうか。

これら4つの理由から、近頃は建築家との家づくりを望む人が増えているようです。

「建築家」との家づくりとは

「建築家」との家づくりが「ハウスメーカー」や「工務店」の家づくりとあきらかに違うのは「建て主・設計者・施工者の三者が独立している」ところです。

設計者としての建築家には2つの仕事があります。1つは設計図を作成する「設計」作業、もう1つは設計図通りに工事がされているかをチェックする「監理」です。

「設計」は単に図面を作成するだけではない

設計者である建築家は、建て主から直接依頼を受け、建て主と打ち合わせながら設計図を作成しますが、それにかける時間とエネルギーは非常に多くて大きいのが特徴です。

よく、ハウスメーカーや工務店が、建て主の要望を十分理解せずに図面化したために、実際に暮らすには不便な間取りになったり、工事費が予算オーバーしたりすることがあります。

それに対して、建築家は建て主の

要望を吟味し、それまでの経験や知識から「結果的によくないこと」「前もって回避できること」をアドバイスします。また、工事費が予算オーバーしそうな場合にも、予算内で「できること」と「やるべきこと」を指摘していきます。

なかでも、建築家に設計を依頼する1番のメリットは、ハウスメーカーや工務店の提案が決して建て主の要望以上にはならないのに対して、建築家による設計には要望以上の「提案」が盛りこまれていることです。建築家は建て主との何気ない会話などから、個性や普段の暮らしについてのヒントを得て、建て主が思ってもいなかった「生活提案」や「ワクワクする提案」を設計に盛りこみ、オーダーされた以上のオーダーメイドの家を設計することができるのです。

予算内に工事費を収めることも設計作業のうち

建築家はこうしてつくり上げた設計図をもとに、建て主に代わって施工者である工務店と交渉して、予算内で収まるように工事費を決めます。

工事費の見積もりは、1つの工務店に特命で依頼する場合と、いくつかの工務店に相見積もりを取る場合があります。よく「相見積もりを取れば安くなる」といいますが、引越しのようなその場限りの単純作業と違い、一生に一度の家づくりの見積もりは「安ければよい」わけではありません。

たとえば、同じ内容の図面で相見積もりを取っても、工事費に何百万円もの差が開いたりします。そこで「安いから」と飛びついた結果、希望していた仕様が見積もりから落ちていたために実現できなかったり、工事の質が求めている水準でなかったりしたために、完成した家が思い通りでなかったのでは、元も子もありません。

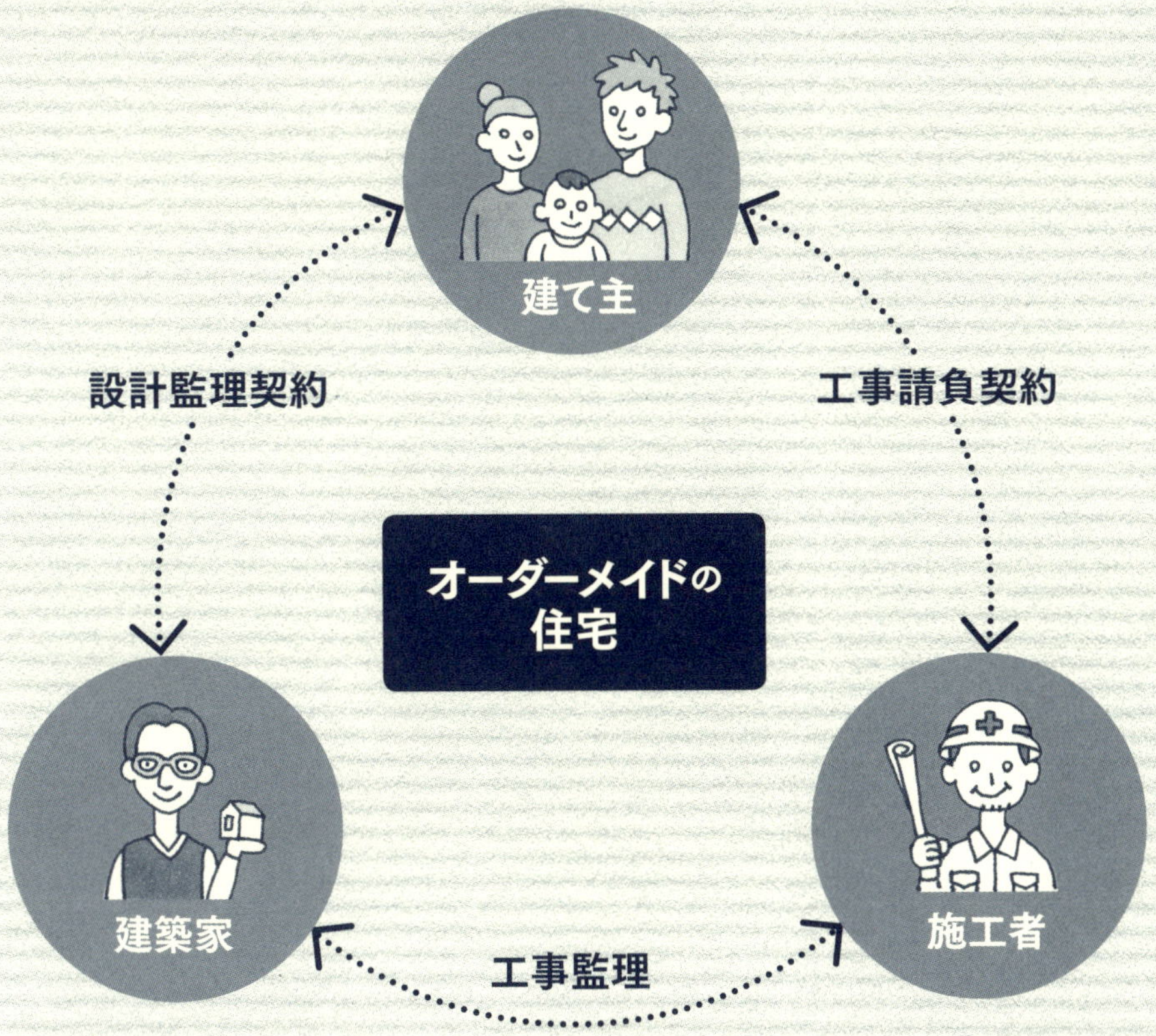

また逆に、工務店からの見積額が予想よりも高い場合には、建築家が見積もりを精査し、不適切な項目があれば指摘して、適正な見積もりを出すように交渉します。

ただ、提案内容や建て主の要望が多すぎるために見積もりが高くなっている場合は、建築家が優先順位を検討して仕様を変更するなど、建て主の納得がいくように調整していきます。その場合、後から変更や追加が困難なこと(構造・断熱など)を優先します。

そのほか、質の高い大工を使っているために見積もりが高い場合は、過度な値引きをさせると工事の質を下げてしまいます。

見積もりの項目は一般の建て主が理解するのは難しく、工務店ごとに工事の向き・不向きや特徴・相性もあるので、安易に見積額の多寡に惑わされず、専門家である建築家のアドバイスを受けながら、信頼のおける工務店を選んでいくことが大切です。

意外と知られていない「監理」という仕事

せっかく自分たちの要望を盛り込んだのに、設計図通りに工事が行われなくては意味がありません。そこで、設計図通りの材料や構造で工事が行われているかをチェックし、問題があれば手直しを指示するのが「監理」という仕事です。

とくに建築家との家づくりでは、設計図には載せられない、建て主と建築家が共有してきた「新しい我が家への想い」があります。詳細な図面で「形」は伝えられますが、「想い」は伝えられません。建築家の監理には、その「想い」を現場の大工や職人に伝える役割もあります。これは、設計から監理まで一貫して関わる建築家ならではのものです。

工務店も建て主の要望に応えようと工事を進めますが、工事は専門的な部分が多く、建て主が直接工務店の話を聞いても「良い・悪い」の判断は難しくなります。わからないだけに「手抜きをされないか」「決めた通りのものを使っているか」と不安になることもあります。そうした不安をなくすためにも、専門知識をもった建築家が建て主の側に立って監理することで「安心・安全」な上に、建て主の「想い」がこもった住まいにすることができるのです。

建築家は知恵をしぼって建て主とともに設計を行い、建て主の利益を守るために監理をする——つまり、建築家は家づくりの最初から最後まで「建て主とともに」あります。

建築家は「住まいに関するかかりつけ医」「建築についての相談ができる弁護士」のようなものであり、家づくりにおける心強いパートナーなのです。

建築家との家づくり10の質問

最近はテレビ番組でも、
よく姿を見かけるようになった
「建築家」という職業の人々。
けれども、実際に家づくりの
相談や依頼をするには、
建築家は少し敷居が
高いように思っていませんか？
そんな建築家のみなさんに、
家づくりを考えている一般の
皆さんからの「10の質問」に
答えてもらいました。

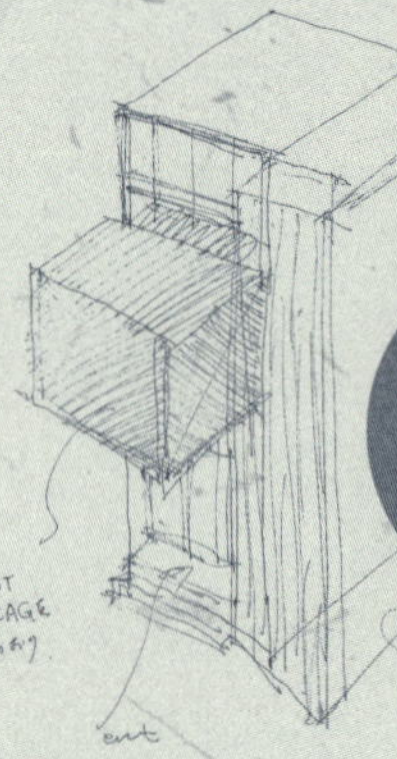

Q1 家を建てたいと思っているけれど、いきなり電話やメールをしたら、失礼なことはありませんか？

A 建築家にとって連絡をもらえるのはとてもうれしいことです。建築家のほうも「新しい出会い」に緊張しますが、同時にワクワクもします。

建築家との出会いはよく「お見合い」にたとえられますが、一生に一度の大切な家づくりのパートナー探しは、たしかにお見合いに似ています。最初は気軽にいろいろな話をしながら、お互いの価値観やフィーリングがあうかを確かめていきましょう。

実際に話してみたら「しっくりこなかった」ということもあるでしょう。その時はまた、お互いに新しい出会いを求めていけばよいと思います。

Q2 建築家に相談したら、お金がかかりませんか？

A それぞれの建築家によって取り決めは違いますが、多くの建築家は最初の相談を無料で行っています。その後に、ラフプランの提案や現地へ赴いての調査が必要な場合は、建築家によっては実費が発生しますので確認が必要です。

最初の相談のときに、お互いの雰囲気やコミュニケーションの取り方で「気が合いそうか」はだいたい分かると思います。同時に、その建築家が建てたほかの家を見せてもらえば、得意とするデザイン・テイストやポリシーも分かるのではないでしょうか。

最初の相談だけでも、かなりの判断材料になりますので、1度気軽に相談してみるのがおススメです。

Q3 予算が少ないのですが、相談に乗ってもらえますか？

A 予算が少なくても、まずは建築家に相談してみましょう。建築家とともにつくる家は決まった仕様やパターンがないので、予算と要望のバランスを考えながら設計することができます。ただ、要望が多ければそれなりにコストはかかりますので、限られた予算のなかで何ができるかを一緒に考えます。建築家は優先順位を整理してくれる相談相手にもなるのです。そうすることで、低予算でもいい住まいが実現できる可能性は十分にあります。

Q4 相談するのに、なにか準備するものはありますか？

A すでに土地があるなら、その場所が分かる資料（住所）や敷地の大きさ形状の図面（測量図か不動産情報）などがあれば、建築家も最初の提案がしやすくなります。

あとは要望などがまとめてあれば、それにこしたことはありませんが、最初は矛盾していたり、漠然としていたりしても構わないでしょう。具体的な内容は、打ち合わせの中でまとめていければ十分ですので、あまり気負わずに相談してみましょう。

Q5 土地探しや資金計画の相談にも乗ってもらえるんでしょうか？

A 土地の紹介とライフプランや借り入れ計画の細かい部分については、あくまでも不動産業者やファイナンシャルプランナーなどとの連携になりますが、基本的に相談はできます。土地探しについては、実際の候補地に建築家が同行し、希望している建物が実現可能な土地か、問題点はないか、また短所に見えるところも、建築的工夫で長所にできないかなど、プロの目での分析やアドバイスを受けることができます。

資金計画に関しては、常に総予算で考えていく必要があります。本体工事以外にどういったお金がかかるのかをきちんと捉えていくことで不安感が少なくなりますので、建築家に全体のコストボリュームを出してもらうようにしましょう。

Q6 建築家に設計をお願いすると好き勝手にデザインされて、奇抜な家になりませんか？

A 雑誌やTVに登場した建築家の作家性・デザイン・ポリシーに惚れ込んで依頼する場合には、建物もかなり個性がはっきりしたものになり、はた目に見れば「奇抜な家」と言われることもあるかもしれません。しかし、それはあくまで建築主も了解の上で建てた家です。

むしろ、そのような状況での家づくりはまれなことで、通常は、建築家からの一方的な押し付けや、建築主からの要望だけで進んでいくものではありません。双方のコラボレーションによりつくり上げられていき、そのなかで、建築家は建築主の「その人らしさ」を住まいの中に実現していくことになります。そうしてつくられた家には、どちらかといえば建築主の個性が表現されることになるでしょう。

Q7 知らないうちに費用が高額になっていたりしませんか？

A 通常、建築家は建築主に予算を聞いてから計画に着手します。建築主が希望する建物を予算内でどのように実現するのか、なにを優先して、なにを合理的に節約するのかが、建築家の腕の見せどころなのです。そのため、予算をオーバーしそうな要求が建築主からあった場合、いくらぐらいの費用負担になるかを伝えながら、計画を進めていきます。

そのため、知らないうちに費用が高額になる心配はありません。最初からありのままの予算を建築家に伝えたほうが、最終的にでき上がる家はより理想に近づいたものになります。

Q8 個人でやっている建築家にお願いして、保証や保険は大丈夫でしょうか？

A 平成21年10月1日より、工務店、ハウスメーカー、宅建業者などの住宅事業者は新築住宅に対して10年間の瑕疵保証が義務付けられています(住宅瑕疵担保履行法)。引渡し後の新築住宅に、雨もりや構造上の主要な部分(基礎や柱など)の欠陥が見つかった場合、住宅事業者は無償で欠陥を直さなければなりません。もし住宅事業者が倒産した場合でも、建築主は費用を負担することなく、欠陥を直してもらえます。

そのほか、住宅完成保証、住宅性能保証、地盤保証など、さまざまな保証がありますが、これらはすべて建築主が保険料を払うことで、保証をつけることができます。つまり、大きなハウスメーカーだから保証がしっかりしているわけではなく、どんなに小さな工務店で工事したものであっても「保険料さえ支払えば保証がしっかりする」ものなのです。

また、建築家によっては「賠償責任保険」に加入している場合があります。建築家が所属する団体ごとに加入しているもので、保険を取り扱う3つの団体ごとに名称やメニューは異なりますが、総じて「建築家による万が一の設計・監理業務のミスによって生じる損害が金銭的に補償される」という保険です。設計を依頼しようと思っている建築家が加入しているか気になるのであれば、確認してみるといいでしょう。

このように、家づくりにはさまざまな保証や保険が用意されており、個人でやっている建築家や規模の小さな工務店でも安心して家づくりを任せることができるようになっています。

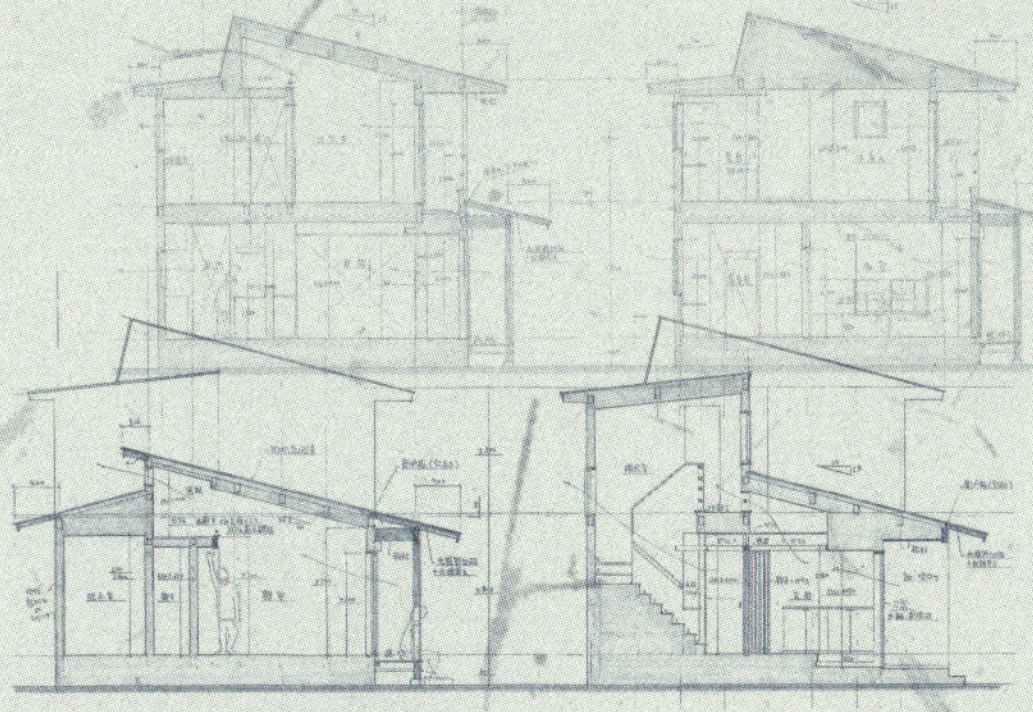

Q9 家が完成してからもアフターケアしてもらえますか？

A 建築家は「永く住んでもらえるよう」に設計しているので、建てて完成ではなく、人が住んで使っていくほどに、家は完成していくものと考えています。定期的な点検にも立ち会いますが、トラブルが起こった時や将来的な修理改修についても相談してもらったほうが、ありがたいと思っています。大きな災害があった場合にも、影響を確認しながら、必要に応じた対応をしていますので、家が完成してからも、困ったことがあれば気兼ねなく建築家に相談してみましょう。

Q10 自分に合った建築家選びって、どうすればいいんでしょう？

A その建築家が建てた家やブログなどを本やネットなどで確認し、実際に会って話した印象や、完成した建物を体験して、直感で選ぶのが良いと思います。

建築家も建築主の想いを素敵な形にしようと、十分すぎるエネルギーを使ってくれますので、結果として直感が正解だったと思ってもらえるのではないでしょうか。

建築家ならではの家づくり提案

建築家は建て主とのさまざまな対話を通して、
その思いを最適な方法で叶えようとするばかりでなく、
建て主が意識していなかったようなプラスαの提案を
盛り込みます。ここでは、そんな建築家ならではの、
ハウスメーカーには真似のできない、
家づくりについての「プラスα」の提案を紹介します。

無垢の木の家

礒 務｜ISO設計室

最近、家づくりに「自然素材の家」や「木の家」というフレーズをよく目にします。また、材料メーカーからも少しだけ自然素材をいれたクロスや、本物と間違えるような建材も多くでています。見た目に綺麗でメンテナンスやクレームの少ない製品ばかりです。さらに無垢集成材や表面無垢板貼材の製品もあり、いろいろと使い分けができます。

そこで提案ですが、本当の無垢の木の家はいかがですか。木が生きています。そのため、曲げやそり、割れ、隙間や収縮等の現象が見られます。そのような現象が嫌な方は、無垢の木の家は向いていないのかもしれません。また戦後高度成長期に安価な建材で建てられた住宅を知っている方も、綺麗な完成度の高いメーカー住宅が好みかもしれません。しかし近年、既存クロスの上に施工できる自然素材も多く出てきたりしています。本当の自然素材、節があっても本物の無垢材の良さは住んでみてからわかります。また長く住み続けると年々劣化する新建材と違い、無垢材は味わいがでてきます。多少メンテをしても愛着の感じられるシンプルな木の家もいいものです。

上／無垢の木の天井、
無垢の床、
左官壁のリビング
下／無垢の木の家具と
無垢柱の真壁の家

火のある暮らし

栗原 弘｜栗原弘建築設計事務所

オーダーメイドの日本製薪ストーブ
（馬門の家）

ピザも焼けるベルギー製薪ストーブ
（自然と共存する家）

一昔前までは、日常に「火」を見る機会が多くありました。冬になれば庭先で落ち葉に火をつけ、焚き火をしながら焼き芋を焼いたり、火を囲みながら談笑したりとコミュニケーションの場でもありました。しかし、昨今では時代の流れと環境の変化などで、気軽に焚き火などをしたりすることが難しくなってきました。どうしても「危険、火災」など負のイメージもつきやすく、また、キッチンの熱源も以前はガスが当たり前でしたが、ここ10数年でＩＨクッキングヒーターに主役の座を奪われ、ますます日常で火を見る機会は減ったように思えます。

太古の昔から、人は火を生活に取り入れて文明を発展させてきました。近年、稀に見る災害が多発していることから、改めて「火」が見直されつつあります。熱源としてもそうですが、住空間の中に「魅せる」火として、団欒の場に薪ストーブを取り入れてみてはいかがでしょうか。揺らぐ炎は癒しや寛ぎの心理効果もあり、生活にゆとりをもたらします。

住まいにとってのデザイン

飯田 亮｜飯田亮建築設計室

住宅は芸術品ではありません。奇をてらうデザインなど必要なく、「何となく気持ちが良い」をテーマに、ヴォリュームやプロポーション、ディテール、水平・垂直のラインの美しさ、かわいらしさに拘り、「住まう空間」を設計しています。

「デザイン」と一言で表しても、何も見た目だけではありません。当然見た目も重要ですが、機能性や安堵感、五感に訴えかけるようなデザインこそが、飯田亮建築設計室の住宅を支えているのです。また、私はどんなに土地が広くても、必要以上に大きくしません。それは小さな住まいは贅肉をそぎ落としたようなものであり、必要な空間を必要なだけ与える。広すぎない、家族の身の丈にあった空間で豊かに暮らせる設計をしたいと考えています。もちろん予算も大切ですから。それらのバランスが家族にとって、とても大切な「デザイン」となりうるでしょう。

上／木製建具による6mの全開口
下／その土地に馴染む、低くのびやかなプロポーション

木製建具を使うということ

中山大輔｜中山大輔建築設計事務所

住宅において、開口部というのは非常に重要で、その住宅に合う木製建具を設計するということが、いまでも私の設計活動のひとつのこだわりとなっています。

木製建具は、敷居、鴨居、柱に建具の框《かまち》を隠す「隠框《かくしかまち》」を多用し、重量用戸車、ノイズレスレール、気密部材、引寄せ金物を使用したり、はめ殺しと一本引き建具、またははめ殺しと引き分け建具までとして、気密性の悪さを解消しています。そのためには、膨大な作業を重ねて、詳細図を書き上げる必要がありますが、それでも木製建具を使いたいと思っています。

アルミサッシをつけてしまえば簡単なことですが、木製建具を使用した開口部廻りを自由に設計することで、とても魅力的な空間になると考えております。

家の中でくつろぎ、ソファーに腰を下して庭を眺める時に、開口部がいかに、違和感なく外とつながり、そこから光と風を感じられるようにするか。そして開口部が美しいというのは、なんといっても心地の良いものです。

上／スキップフロアーに光が廻るように設計された開口部（塙田・廻る家）
下／高さを抑え、軒を深くして、陰影がきれいな大開口部（真岡・ミスミの家）

吹抜けが映画館になる家

神原浩司＋神原敦子｜かんばら設計室

右／客席となる書斎からみる大スクリーン
左／スクリーン側のキッチンから書斎を見る

建築主と打ち合わせを重ねていくなかで、ご夫婦の共通の趣味が「映画鑑賞」であることがわかり、リビング・ダイニングの吹抜けを利用して、家全体を「映画館」にすることをご提案しました。

吹抜けに面した2階書斎が特等席となるよう、カウンターや床の高さ、オーディオ設備の位置等を検討し、その正面に特大スクリーンとなる白い壁を設けました。1階からも楽しめるこの空間は、サッカー等のスポーツ観戦を家族や友人などの大人数で楽しむことも可能で、集いの場として大活躍しています。また、2階の床の高さを低く設定したことで、書斎にいるご主人とキッチンに立つ奥様との視線が合い、それぞれ個人の時間を過ごしていても自然に会話ができるような位置関係となっています。

吹抜けを容積や天井高さを大きくしただけのものとは考えず、効果的に採光や通風を確保することはもちろん、空間に楽しみを与えて、「人のつながり」をつくり出す大きな要素にしました。

「高さ」の重要性

佐藤大介｜創右衛門一級建築士事務所

建物の空間を考える上で「高さ」というものを重要な要素の一つと考えております。例えば、明るい玄関から天井の低いトンネルのような廊下を抜けると、“中庭の見える開放的な吹き抜け空間の広がるプラン”とか、“テラス窓のすぐ上より屋根勾配なりに高くなっていく勾配天井”は、低い所と高い所の高さのメリハリがつき、単調にならず動きのある空間を造り出してくれます。

そして、その勾配天井があることで室温の流れもつくりやすくなり、建物内の温熱環境も計画しやすくなります。また、深く低い軒の外観はプロポーションが良く、何とも美しいたたずまいを見せてくれます。

そのような空間やたたずまいを造るには、柱や梁などの構造材、その組み方が大きく影響してきますので、プランの段階からいつも「高さ」というものを念頭におき、建築主の御要望や御希望をまとめていきます。

建築主の“気持ちの良い空間”や“お気に入りの佇まい”を造る要素には御要望や御希望をプランに取り込むことはもちろん、「高さ」、居場所、日差し、ディテール、など様々な要素が良いバランスで組み合わされつくられていくもの、と考えております。いろいろな要素をバランス良く組み合わせる。そんなことを日々考え、設計に向かっております。

上／天井の低いトンネルのような廊下
下／屋根勾配なりに高くなっていく勾配天井

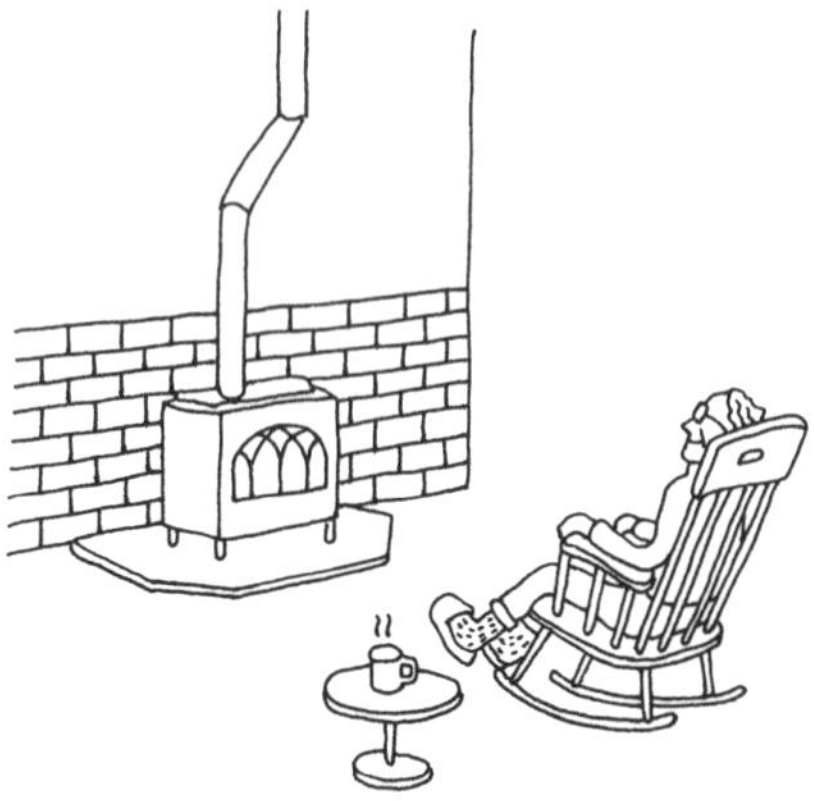

くらいあかり

山形 誠｜山形建築研究所

現代には、「暗がり」がなくなりました。家庭も職場も隅々まで明るく、どこでも新聞が読めるのが、明るさの常識のようになっています。明るさは日本経済の成長、豊かさの象徴のように思われています。

夜になっても明るい生活を過ごすことでどこか、ひずみが必ず現れるように思います。

そこで、「明るい照明＝明るい家庭」という考えを捨てることです。家庭では、職場や学校とは違う環境が必要です。夜は安らげる暗い夜を用意すること。これこそが本当の意味での「明るい家庭」への第一歩です。

あかりの楽しみ方には明るさだけでなく、光の拡散の仕方、高さ、色味、照らしたり照らされたりする方向、など様々な要素があります。それをひとつずつ変えてみることにあかりの楽しさがあるのです。

明るければ良いというのは、おなかがいっぱいになりさえすれば良いという食事と同じです。あかりを楽しむということは、おいしいものを食べたいという気持ちと同じです。さまざまなおいしい光を楽しむことこそが、豊かな住まいの光りのあり方です。

上／「障子」という紙のフィルターを通して拡散光となった柔らかな光
下／壁面収納に設えた間接照明が「茶の間」をほのかに照らす

四季の変化を楽しみ、住み方を変えていける家

荒井慎司｜インデコード design office

春……少し窓を開けると室内の暖かい空気と入れ違いで入ってくる少し冷たい風が気持ちいい。耳を澄ますと、「ホーホケキョ」。…うぐいすが鳴いている。
夏……窓を全開放して風を感じるリビングへ。連続するウッドデッキは広がりを生み、長い軒は涼しい日陰をつくる。美味しそうな肉や魚を前に「乾杯!!」。
秋……サンサンと降り注ぐ太陽の温もりが眠気を誘う。窓際で本を読みならウトウト。
冬……窓を閉め、部屋を小さく仕切っておけば、コタツと石油ストーブでもあっという間にほっこり。テーブルには美味しそうなみかん。

日本には四季があり、周りの景色は日々変化していきます。その変化を楽しみながら、住み方を変えていける家を提案しています。季節によって空間を広くしたり狭くしたり、直射日光があたる暖かい南側で生活したり、涼しい北側で生活したり。自然に寄り添うことは住む楽しさを生み、さらには省エネルギー性にも一役買うのではと考えています。

上／窓を全開放して風を感じるリビングへ
下／涼しい風を運ぶ日陰の軒下空間

土地に馴染む「建ち方」

大橋文彦｜下野建築設計室

住宅を設計するとき、まずは敷地を見ることから始まります。プランや外観のデザインも大事ですが、敷地にどういった「建ち方」をするのかを考えます。その土地を訪れ、周辺を散策して、隣地との距離感、車通りの多さ、風や光の入り方、気持ちよく窓が開ける方角など、よく観察します。

住宅は私的な所有物という意識が強いですが、一つ一つが町並みを構成しているという感覚を持つことも大切だと思います。住宅密集地域にもかかわらず、太陽光のパネルをたくさん載せるために、法制限いっぱいの高さの屋根にするような建物には違和感があります。

上／住宅密集地に馴染むように家型を組み合わせた外観
下／車通の多い街角に建つ高さを抑えたコートハウス

低層の住宅地の高さに揃うように、建物を分棟で配置する。塀の高さや窓の位置を調整することで、街に開きながらもプライバシー性を確保する。…など、施主の要望を取り入れながらも、その土地に馴染む建ち方を提案することが住宅を設計する上で大切だと思います。

情報の断捨離

長谷川拓也｜長谷川拓也建築デザイン／ADT

見学会を開催し、よく耳にするのは、「家づくりの勉強中で」という声です。

近年、家づくりを考え始めると、価格・構造・素材・デザイン・断熱等、あらゆる情報を収集し、その中から最適な要素を選定しなくてはという観念にとらわれがちです。しかし、住もうと思えば、古民家でも高層マンションでも、それなりの生活に適応できるもので、家づくりにはこれという正解はないと思うのです。

まずは、多くの情報を整理するために一人ではなく設計者と話し合い、新築・改築・購入・建てない・という根本的な選択肢から始まり、多面的に提案しあい、お互いが納得のいく形に近づけていく過程が本当の意味での「家づくりの勉強」になります。

工法・素材・空間の作り方・条件の解決策などの一般的な設計業務以外にも、住まい手の情報整理をお手伝いし、より憧れに近づいた形をつくりあげていくことが建築家の一つの仕事です。

上／ Yakisugi House。お施主さんと杉を焼いて作った「焼杉」を外壁に使用
下／自然の恵みを感じる家。開口を全開口に庭と一体となる居間

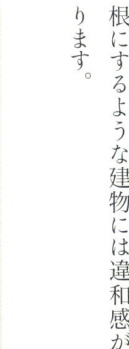

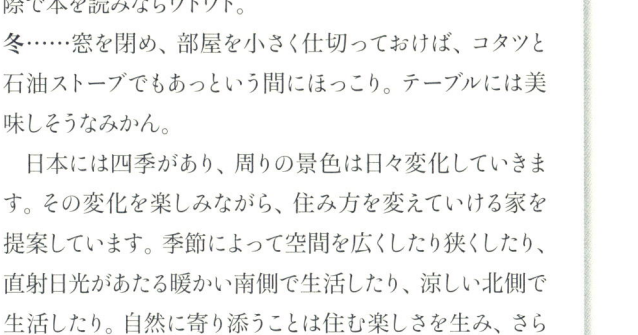

建築家とつくる家づくりの流れ

建築家はいつも建て主とともにあり、家づくりは建築家との二人三脚で進んでいきます。初めての家づくりをする建て主にとって、建築のプロとともに家づくりを進めていくことは、とても心強いものです。建築家と一緒に、つくり上げていく楽しさと満足感を味わいながら、夢を現実に変えていきましょう。

START

1 情報を集めよう

建築家（設計事務所）との家づくりを考え始めたら、まずは雑誌やインターネットで感性の合いそうな建築家を探してみましょう。建築家が手がけた家を見学できるオープンハウスも、設計した空間と建築家の人となりに触れることができるのでお勧めです。

2 建築家に会いに行こう

感性の合いそうな建築家を1～3人に絞り込んだところで、メールや電話でコンタクトを取り、実際に会いに行ってみましょう。家づくりを楽しむためにも、スケジュールに余裕を持って、早めに相談に行くことをお勧めします。

最初の面談は無料のところが多いので、建築家と住まいや暮らしへの思いを語り合い、価値観が一緒だと感じられる建築家を探しましょう。

3 土地探し

土地が決まっていない場合は、建築家との土地探しがお勧めです。一見して難しいと思われる敷地でも、建物のプラン次第では長所や魅力に変えることもできます。また、建築費と土地代をトータルで考える上でも、建築家と一緒に土地を探すことが無理のない家づくりを可能にします。

4 プレゼンテーション

価値観が合いそうで、プランを提案してもらいたいと思ったら、条件を伝えてプレゼンテーションしてもらいましょう。建築家によって、プレゼンテーション前に設計契約を結ぶところ、現地調査をして実費有料で行うところ、簡単なプランのみで無料のところなどいろいろありますので、確認してから依頼しましょう。

5 設計・監理契約

提案された案が気に入った、あるいは家づくりへの考え方に共感できたら、設計・監理契約を結んで、基本設計に進みます。建築家賠償責任保険に加入しているか、支払い条件や作業の範囲などを確認しておきましょう。また、監理も大事な仕事の一部ですので、どのくらいの頻度で見てもらえるかも確認します。

6 基本設計

建物の骨格を決めていきます。希望や疑問点は建築家にすべて伝えましょう。図面だけでは理解できないことも多いので、模型やスケッチ、事例写真などを提示してもらって、できるだけ具体的に、住まいと暮らしのイメージを共有していきます。建築家は、建て主の希望を聞きつつ、現実的な予算、法的な制限の確認、敷地や環境への配慮、構造・規模などを検討し、実際に建てるにはどうしたら良いかを精査していきます。

7 実施設計

プランと外観が決まったら、実施設計に進みます。建築家は工事に必要な図面を何十枚も描いていきます。この時期に、使用する素材の選定、照明器具の種類、キッチンの詳細など、できるだけ実物を見ながら詰めていきます。

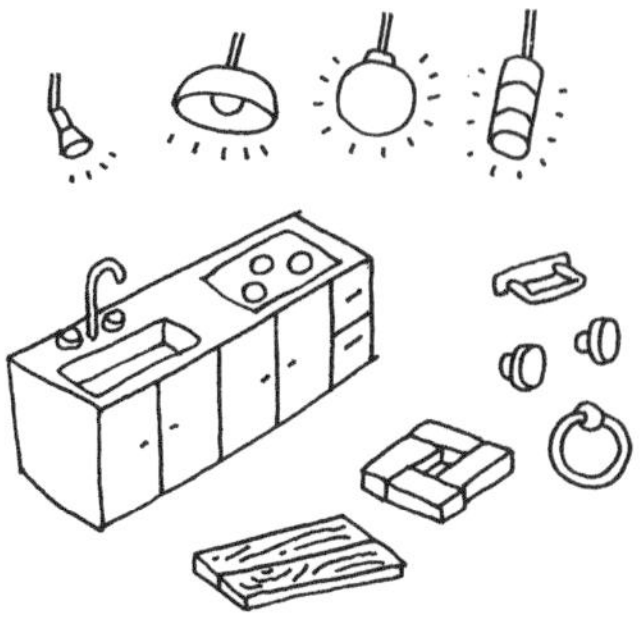

8 見積もり・工務店選定

図面と素材が一通り決まったら、設計者から工務店へ工事の見積もりを依頼します。信頼できる工務店を特命で紹介される場合と、3社程度の相見積もりで決める場合があります。相見積もりの場合は、単に安いというだけで決めるのではなく、技術力・メンテナンス・相性など、総合的に見ることが大事です。特命の場合は、設計者との信頼関係により、安定した施工とサービスが得られるところがメリットです。

9 確認申請

確認申請の時期は、見積もりの前、見積もりの間など、状況によって違います。通常は1〜2週間ほどで下りますが、長期優良住宅や構造によっては、さらにかかるので、スケジュールに気をつけましょう。

10 工事契約・地鎮祭

工事金額が決まり、確認申請が下りると、工事契約をして、いよいよ工事が始まります。着工前には地鎮祭を行います。工務店が詳しく準備の内容を教えてくれますので相談してみましょう。

11 工事監理

工事監理とは、図面通り間違いなく工事が行われているかを現場で確認することです。不適切な施工があれば、建築家は建て主の代理人として工務店に改善を求めます。

工事期間中は基礎の配筋検査や上棟後の金物検査など主要な検査を行うほか、週1回程度は現場に赴き、施工状況を確認します。

建て主も、週末には家族で家の様子を見に行き、写真を撮っておくのがお勧めです。安心と同時に、いい思い出を得ることができます。

上棟式をどうするか悩む場合には、建築家に相談してみましょう。

また、大工さんへの差し入れも、現場へ来たときに飲み物を配るなど、無理のない程度で大丈夫です。それよりも、積極的に大工さんへ声をかけることで、はりあいになります。

家が立体的になっていくなかで、「こうしたほうが良かったかな」と思うことがあったら、建築家に相談してみてください。建築家は全体を把握していますので、その変更が他の工事に影響しないかを含めて、要望に応える最善の策を提示してくれるでしょう。

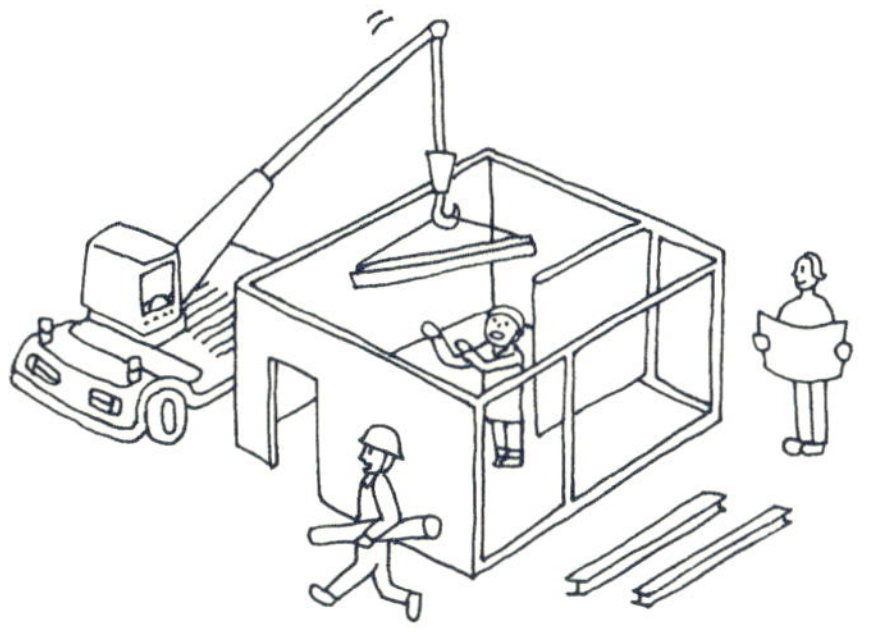

12 完了検査

工事が終わると、検査機関や役所の完了検査を受けます。もし指摘事項があるような場合は、きちんと補正の工事をしてもらって引渡しとなります。

13 完成（竣工）・お引き渡し

完成するといよいよ引渡しです。引渡し書類、設備機器の説明などを受けます。電話やインターネット引き込み工事など、建て主による手配が必要なことを確認しておくとよいでしょう。

また、家具は完成前にすべて購入せず、住みながら広さと使い勝手を確認して揃えると失敗がありません。

14 アフターケア

引渡し後も、メンテナンスを通して建築家や工務店との付き合いは続きます。住まいは暮らしとともに変化していきますから、手入れのことや増改築の相談など、小さなことでも気軽に建築家に相談してみましょう。

To be Continued

5 着工

◉**工事費1回目の支払い**
一般的に工事費は、出来高払いにして、4回程度に分けて支払う。工事費1回目の支払い10～30%程度

◉**地鎮祭費用**
地鎮祭は、工事をはじめる前に土地をお祓いし、工事の無事を祈る儀式。地域によって異なるが、一般的には神主への謝礼3万、供え物に1～2万程度

◉**近隣へのあいさつ費用**
手土産代として1軒あたり500～1000円程度

◉**現場へのお茶菓子代**
以前は1日2回おやつとお茶を出すものとされていたが、現在はそこまでしなくてもよい。週1回程度、土日に現場の様子を見に行く際に、無理のない範囲で飲み物などの差し入れでOK

◉**水道加入金**
（メーター取得費用）
水道を使用するための権利金。各自治体によって料金はことなる。約20万円程度必要

6 上棟

◉**設計・監理費**（3回目）
上棟したところで、設計監理費のうち30%程度を支払う

◉**中間金の支払い**
住宅ローンの中間金交付が実行される段階に合わせて、工事費や設計・監理費の中間金を支払う。工事費2回目の支払い30～40%程度

◉**上棟式費用**
上棟式は、棟木を上げ終わった当日に行う儀式。祝儀代・酒肴代などで5万～数十万程度だが、地域性にもよる。負担にならない範囲で構わないので、どの程度の準備をしたらよいか、建築家に相談するのが一番よい

7 完成・引渡し

◉**設計・監理費**（4回目）
引渡し時に設計監理費のうち、最終の支払い10%程度を支払う

◉**残金の支払い**
住宅ローンが最終的に実行される段階にあわせて工事費や設計料の残金を支払う。完成時に工事費3回目の支払い30～50%程度。引渡し時に工事費最終の支払い10%程度＋追加工事分の支払い

◉**建物表題登記費用**
新築した建物について登記する建物表題登記が必要。登録免許税はかからないが、土地家屋調査士へ依頼した場合、報酬として7～10万円程度必要

◉**所有権保存登記費用**
その建物の所有権が誰のものかを示すために所有権保存登記が必要。登録免許税は建物の評価額によって異なる。さらに手続きを代行する司法書士への報酬として数万円～5万円程度必要

◉**つなぎ融資申込費用**
つなぎ融資を利用した場合は、つなぎ融資の利息、ローン事務手数料などが必要。通常は住宅ローンでまかなわれる

8 ローン契約

◉**抵当権設定登記費用**
金融機関からローンを受ける際に抵当権設定登記が必要。登録免許税は、2013年3月末までは融資金額の0.1%、2013年4月以降は0.4%（長期優良住宅の場合以外）。司法書士へ依頼した場合、借入額により異なるが報酬として3万～10万円程度必要

◉**融資事務手数料**
融資を申し込む際の手数料として金融機関に支払う費用で、金融機関により異なる。通常は融資金額から差し引かれる

◉**印紙代**
ローン契約にかかる税金。借り入れする額によって印紙代は異なる。例えば1000万超5000万円以下のローン契約なら印紙税は2万円

◉**ローン保証料**
連帯保証人の代わりに保証会社を利用する場合に、保証会社に対して支払う費用で、ほとんどの人が保証会社を利用する

◉**火災保険料**
首都圏で2000万円の耐火住宅の場合、年1万円くらいから。ローン借り入れ年数に応じる

◉**地震保険料**
多くの金融機関では加入は任意。控除額については税務署に確認

◉**団体信用生命保険料**
住宅ローンの返済途中で死亡、高度障害になった場合に、本人に代わって生命保険会社が住宅ローン残高を支払ってくれるため、加入が必要。通常は金利に保険料が含まれている

9 入居後

◉**家具・備品購入費**
ソファ、カーテンなどの費用

◉**引越し代**
引越しの距離と荷物の量によるが、目安は4人家族で25万円前後

◉**不動産所得税**
不動産を取得した場合に、新築1年以内に課される税金。評価額次第。
軽減措置については税務署で確認が必要

◉**固定資産税**
毎年1月1日時点の土地と建物の所有者に対して課税

◉**都市計画税**
毎年1月1日時点の、都市計画で指定されている市街化区域内の土地と建物の所有者に対して課税される

スケジュール／支払先	1 建築相談・土地探し・ラフプラン提案	2 基本設計 建築家と設計・監理契約	3 実施設計	4 工事業者と契約
建築家 	**◉コンタクト・建築相談** まずは、ホームページや本・雑誌などで気になった建築家に連絡をとる。多くの建築家が、最初の建築相談は無料で行っている。ラフプラン提出の費用については建築家によるので確認のこと	**◉設計・監理契約手付金** 設計・監理契約を結ぶ時期は、ラフプラン提案前・ラフプラン提案後・基本設計後など、建築家により異なる。一般的な設計管理費の目安は、本体工事費と別途工事費合計額の10～15%程度。工事費合計が3000万円ならば300万～400万円となる。これを4回程度に分けて支払うのが一般的で、このときに支払い時期も決める。契約の際には手付金として設計監理費の30%程度を支払うことが多い	**◉設計・監理費**（2回目） 実施設計が終わったところで、設計監理費のうち30%程度を支払う	**◉確認・完了検査申請費・作業料** 確認・完了検査申請の実費は申請を出す機関、建物の面積、構造によって異なる。 建築家が申請に必要な設計図書を作成し申請するため、確認審査申請と完了検査申請の実費＋建築家の作業料も含め、20万～30万円程度。設計料に含んでいる建築家もおり、支払いの時期は確認が必要
工事業者 		**◉概算見積もり** 建物の仕様が決まったところで、建築家から工事費の概算の見積もりを提出する		**◉建築家より工事業者の紹介** 実施設計が出来上がったところで、建築家から工事業者に見積もりを依頼する。見積もり金額に対して建て主と工事業者双方が合意できたら工事契約となる
諸経費 		**◉ローン申込書類の代金**	**◉解体費** 敷地に既存建物がある場合に発生する。3万～5万円／坪程度	**◉印紙代** 工事請負契約や売買契約にかかる税金を収入印紙で支払う。たとえば3000万円の工事請負契約なら、印紙代は1万5000円
		◉敷地調査費 正式な測量図がない場合に発生する。広さと状況によるが10～30万程度必要	**◉建物減失登記費用** 建物を取り壊したことを登記所に申請する建物減失登記が必要。登録免許税はかからないが、土地家屋調査士へ依頼した場合、報酬として3万～5万程度必要	**◉長期優良住宅認定の申請費・作業料** 長期優良住宅の認定を受ける場合には、申請料の実費に加えて、建築家による設計図書の作成作業料が発生するほか、工事費の坪単価も上がるため、通常よりも費用がかかる。申請を考えている場合は建築家に相談する
			◉地盤調査費 義務となっている10年の瑕疵担保保証制度に地盤沈下が含まれていないため、地盤調査は必ず行う必要がある。5万～15万円程度。改良の必要がなければ、地盤保証を3万円ほどで付けられる	**◉瑕疵担保保険費** 工事業者が申請および支払いを行うが、最終的には経費または直接項目で建て主に請求され、間接的に支払うことになる。面積や保険会社との契約の仕方により、費用には5万～10万円程度と幅がある
			◉地盤補強工事費 地盤調査により改良が必要となった場合は、工事の内容次第で100万円以上の費用がかかる	

家づくりにかかるお金 ＋ 支払いスケジュール

ハウスメーカーの注文住宅を買う場合には、最初の申込金以外は最後の引渡しの際にまとめてお金を支払いますが、建築家との家づくりでは、設計・監理を担当する建築家と、工事を請け負う工事業者、そしてさまざまな調査や手続き、税金などの諸費用を、段階に応じてそれぞれに支払うこととなります。わかりにくいところ、不明な点は建築家に相談するのがベストです。ここでは一般的な家づくりにかかるお金の支払いスケジュールをチェックしておきましょう。

親子二世帯とペットが、「ストレス0《ゼロ》」で暮らすシンプルな家

仕事で多忙な建て主の峰崎さんにとって、栃木県佐野市に建てた家は、心の芯からくつろげる癒しの住空間。娘さんと共にペットたち（犬2匹、猫1匹）と住んでいます。多様な要望を見事に解決し設計したのは、建築家の関口岳志さん（岳設計工房）。暮らしの中のストレスを徹底してなくす工夫が随所に盛り込まれています。建築家との家づくりは「こんなことまでできる！」という実例を伺いました。

峰崎さんと、元気な2匹のワンちゃん。共有リビングで、ペットと過ごすことが至福の時間とのこと。

左が親世帯ゾーン、2階を含む右が子世帯ゾーン。ガラスに囲まれたところは共用リビングに。外壁はガルバリウム鋼板を採用し、外壁の汚れを防止し、水平を強調したデザインとなっています。

建築家が、資金面での不安を解決

――なぜ、建築家と家づくりをしようとされたのですか？

建て主　元々、建物が好きなんです。子どもの頃から住宅のチラシや間取り図を眺めることが好きでした。今も建築に関する雑誌やテレビ番組を良く見ますね。

以前、実家の家を、大手ハウスメーカーで建てましたが、その時、設計士さんと打ち合わせしたのは私でした。今回は、愛犬と住める家をつくりたかったのですが、こんなワガママなことは、さすがにメーカーさんには聞いてもらえないと思い。そこで建築家に依頼しようと。

――関口さんを選ばれた理由は？

建て主　最初は別の設計事務所と設計を進めていました。当時、私は営業をやっており、いわば個人事業主の立場。また年齢も50代でローンを組むことは難しかった。その設計事務所の担当者は「お金のことは、ご自身で」というスタンスなので、建てることをあきらめかけていた時、仕事の関係でお付き合いをしていた関口さんに相談したのです。すると、私でも借りられる金融機関を紹介してくれました。そこで初めて「本当に建てられるんだ！」と実感。迷いもなくなり、改めて関口さんに設計を依頼することにしました。

「未来の家」の中で動き回るイメージをつかむ

――最初に要望されたことは？

建て主　ペットとの快適な暮らしと成人した娘と程よい距離感で暮らせること。私のスペースはワンルームのような形。料理好きな娘のためにキッチンは2つ、大人の女性にとってやはりキッチンは特別な場所、小さな家の中にもスープの冷めない距離をつくって欲しいと思いました。

――設計の打ち合わせの様子は？

建て主　最初は漠然と、「ああしたい、こうしたい」ということがたくさんあります。夢物語かもしれませんが、それを全部伝えたくてしょうがない。打ち合わせは毎回、3時間はあっという間でした。

関口さんは、こちらの要望を、その場でさっと「絵」に描いて示されるので、自分が求めているものが徐々にはっきり。模型を見てからは、自分が実際に家の中で動いているイメージがつかめるように。具体的に「こんな風にしたいのですが」と、細かく要望することができました。

関口　基本設計は非常に時間をかけます。この段階で、建て主に要望を出し尽くしてもらって、建築のボリュームまで決めてしまう。するとその後は、予算を増していくようなプランにはなりません。実施設計に進んで細かな寸法を決めていき、微調整に入っていけます。

工務店も入っての〝明朗積算〟で工事契約

――工事契約の際、予算面で不安はありませんでしたか？

建て主　ありません。材質や色の選定まで全て決めた上での金額でしたので。やりたいことはいくらでもありますが、自分の予算の内でどこを贅沢して、どこを我慢するかということも確認し、納得していました。

関口　ビルダーやハウスメーカーが、簡単な図面や仕様を出して契約へと持っていき、その後、「追加、追加」で金額を膨らませていくことはよく聞く話です。あってはならないことだと思います。今回においても、最終段階での金額調整の際には、工務店にも打合せ参加してもらいました。〝明朗会計〟をもじっての〝明朗積算〟ではありませんが、それを実行するためにも建築家のポジションがあると考えています。

――施工中は、どうされていましたか？

建て主　スタートしないと分からないところもありました。仕事の都合で頻繁には現場へ行けませんでしたが、行くたびに欲張りにもいろいろ要望してしまいました。私が、現場の工務店の方に要望を伝えても、その時不在だった関口さんの耳には必ず話は届いていました。逆の場合も同じです。その上で、後ほど、できること、できないことの明確な答えが返ってきました。関口さんと工務店の方は、名コンビです。会話も漫才のようで楽しい現場でした。

親子とペットが「ぐーたら」できる家

――暮らしぶりを教えてください。

建て主　現在私は、管理職の立場となってより多忙になり、朝は早く、夜は遅いといった生活をしています。

帰宅するとくたくたなので、機能的なスペースは、とてもありがたいですね。私のキッチンの定位置にいれば、必要なものは一つの空間に存在します、テレビのある居間、トイレ、お風呂、クローゼットにすぐ行けます。空間に無駄がない。

――娘さんと、どのような住まわれ方をしていますか？

建て主　普段は、娘が、自分のキッチンで作った料理を持って来てくれます。時間があれば、私のキッチンテーブルで一緒に食事。洗いものは私がする。それは苦にならない。しかし、娘が私のキッチンで料理し、洗い物を残すとなると、些細なことですがストレスになります。成人した大人同士のテリトリーは、親子であっても必要ですね。

リビングは、親子の共有スペースです。L字型のソファーに私と娘が寝そべって、犬や猫たちと戯れながらテレビを見るのは至福の時で、本当にくつろげます

リビングの向こうは娘のLDKで、引き戸で仕切れ、開ければリビングと一続きの部屋となります。2階は娘世代のスペースに。

――ペットと過ごすための、さまざまな工夫がなされていますね。

建て主　私が帰宅した時、玄関で犬たちが飛びついて、服に毛をつけない方法を、関口さんが考えてくれました。留守の時は、キッチンと居間の出入口に設けた、腰の高さの扉を出し、犬たちが玄関へ出られないように囲っています。

リビングはガラス窓で覆われていますが、窓の下に、ペットたちが自由に外に出られる小さな窓を設けています。リビングの床の高さは、外の庭のウッドデッキの高さと同じで、連続しています。また、郊外に散歩に行かなくても、この庭で十分ペットたちを遊ばせることができます。

しつけはきちんとしていますが、やはり粗相をしたり、毛が抜けたりして室内を汚します。でもフローリングの床なので掃除は簡単。モップや紙タオルで拭けば済みます。ペットに危険なワックスをかけなくてよい素材なんです。ペットと寝る私の寝室には、防水で軽量の畳スペースもあり、汚れれば取り出してさっと洗えます。

全体に掃除がとっても楽な家で、普段はモップで軽く、休日に拭くという感じです。きちんとした掃除は月に一回ぐらいで大丈夫です。

――ストレスがまったくない。

建て主　そうですね。この家は、私にとって果てしなく「ぐーたら」ができるところ。仕事での疲れを十分にとることができます。将来の老後に備えてのバリアフリーへの対応もしているので、安心です。

建築家は、家づくりを一緒に楽しむパートナー

関口　建築家はとことん建て主に向き合うほど良い提案ができます。「自然素材ありき」とか、自分の考えだけを押し付けてはいけない。掃除をしやすいことを要望されれば、そこから設計を考える。建築家は「作品」をつくるアーティストではなく、建て主と建築の「媒介者」のようなものだと感じています。

設計は半年、施工も半年とすれば、家づくりは一年かかります。建て主は、その1シーン1シーンを、建築家とぜひ一緒に楽しんでほしいです。

1F中央が共有リビング。中央キッチンと左の寝室は、親世代ゾーンで、まさに「ワンルーム」の機能性を持っています。右側が子世代ゾーン。キッチンがもう一つあります。2階は子世代ゾーン。

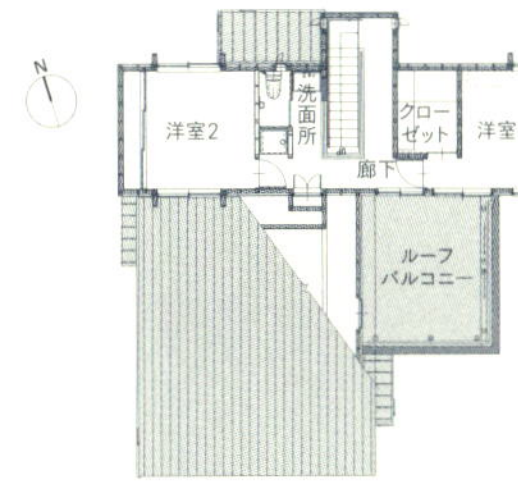

〔2F〕

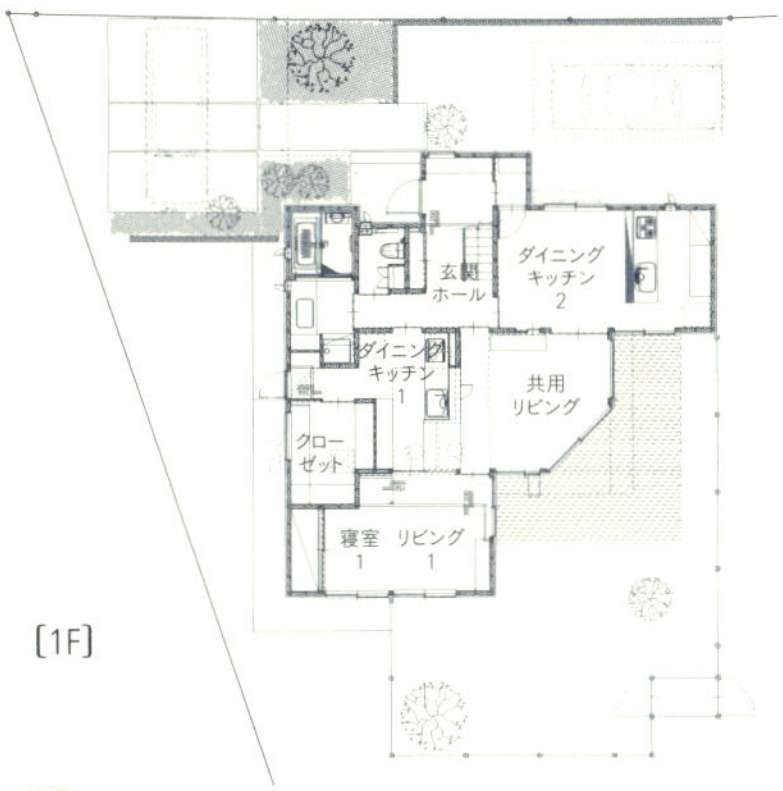

〔1F〕

設計データ

- 敷地面積…651.82 m^2
- 建築面積…95.36 m^2
- 延床面積…131.74 m^2
- 容積率…20.21%
- 建蔽率…14.63%
- 用地地域…第一種中高層住居専用地域
- 構造規模…木造在来軸組工法 地上2階建て
- 設計・監理…岳設計工房
- 施工…有限会社 須藤工務店（佐野市白岩町）

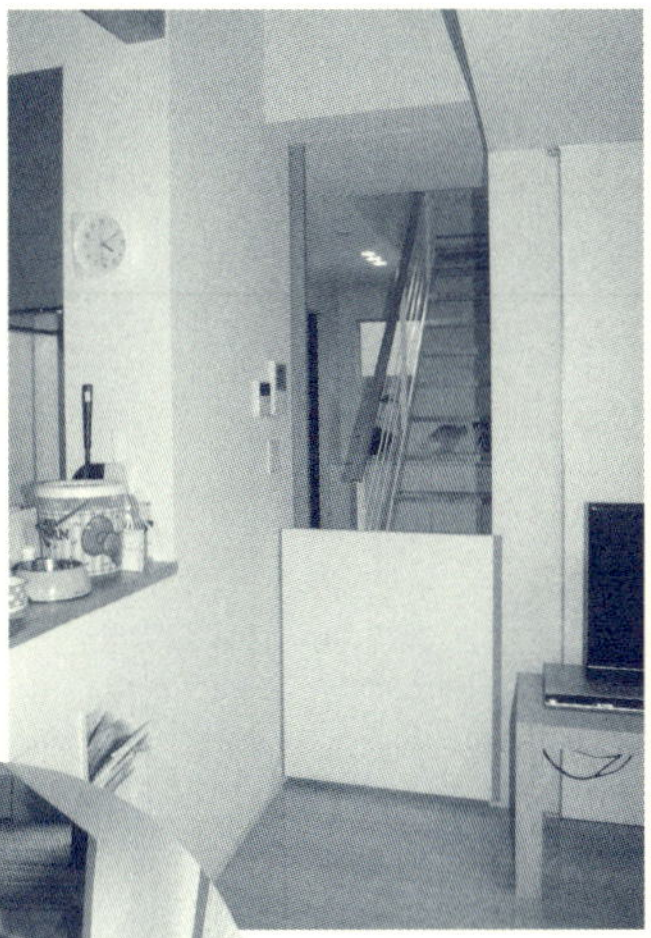

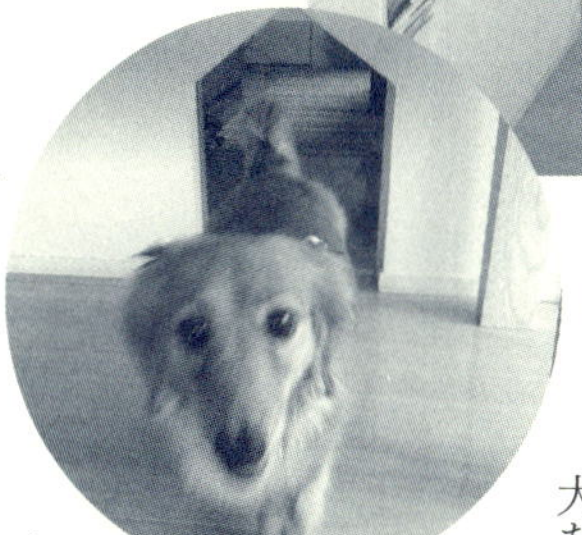

上右／親世代ゾーン側のキッチン。このテーブルは、峰崎さんお気に入りのスペース。左に寝室、手前に共用リビング、奥はトイレ・浴室、右は玄関に通じています。
上左／中央にある腰の高さの引き戸は、ペット用の囲い（共用リビング側から）。
下右／ガラス窓前にある共用リビングにつながる庭のデッキ空間。周囲はドックヤード空間に。奥は、2歳の猫ちゃん。
下左／娘さんの部屋と共有リビングとの間にある小型犬用の出入口。

栃木の建築家と家づくりをしたオーナーの声 その2

美しい木の家で「花」と「薪ストーブ」を愉しむ暮らし

栃木県栃木市に竣工した大きな赤屋根の家。60代の大塚さんご夫婦が、花に囲まれた豊かな時を過ごされています。設計を手がけたのは、「木」を知り尽くした建築家・増田建徳さん（増田建徳建築設計室）。30年間、妻の美砂子さんと二人三脚で、薪ストーブの温かな木の家を、一軒一軒、丹精につくってきました。中でも大塚邸は、建て主と建築家の「理想」が豊かに響き合って誕生。「日本人の暮らし方とは？」と、想いを馳せたくなる家です。

大塚さんご夫婦。充実した暮らしを愉しまれている感じが、穏やかな表情に。

理想は、庭園が美しく、「西洋」と「東洋」が融合した家

――最初から、建築家との家づくりを考えられていましたか？

ご主人　まず、ハウスメーカーの住宅展示場を回りました。総花的で、若い世代向けの家に思えました。それから輸入住宅を見て、共感しつつも、日本の暮らしに合うものか疑問に。

――何か理想があったのですか？

ご主人　ずっと2つのことが胸にモヤモヤとありました。

1つは、家と庭が景観として調和していること。ガーデンセンターを経営していることもあり、庭園には深い関心を持っています。モデルは、世界中の庭園を巡った時に出会った、欧米の美しい個人庭園にあります。

もう1つは、私の子どもの頃過ごした日本の家や街並みで、非常に統一感がありました。しかし、それは、高度経済成長に伴い、画一的な新建材の家々が次々建てられ、失われてしまいました。

新しい日本の家に、洋風化した現在と、古来の伝統が融合し調和したものがあってもよいのではと思いいたります。

書店を回り、建築のことを調べるうち、ウィリアム・メレル・ヴォーリズ、アントニン・レーモンド、日本の吉村順三などの建築家を知りました。彼らが日本に建てた建築は素晴らしいものです。自然素材が使われ、モダンなデザインではありませんが、私たちの暮らしにはぴったりの佇まいなのです。

このことを大工さんに話しても、なかなか理解してもらえません。依頼すれば、型にはまった家ができてしまうでしょう。そこで理想の家をつくるには、建築家の力が必要だと思い始めます。

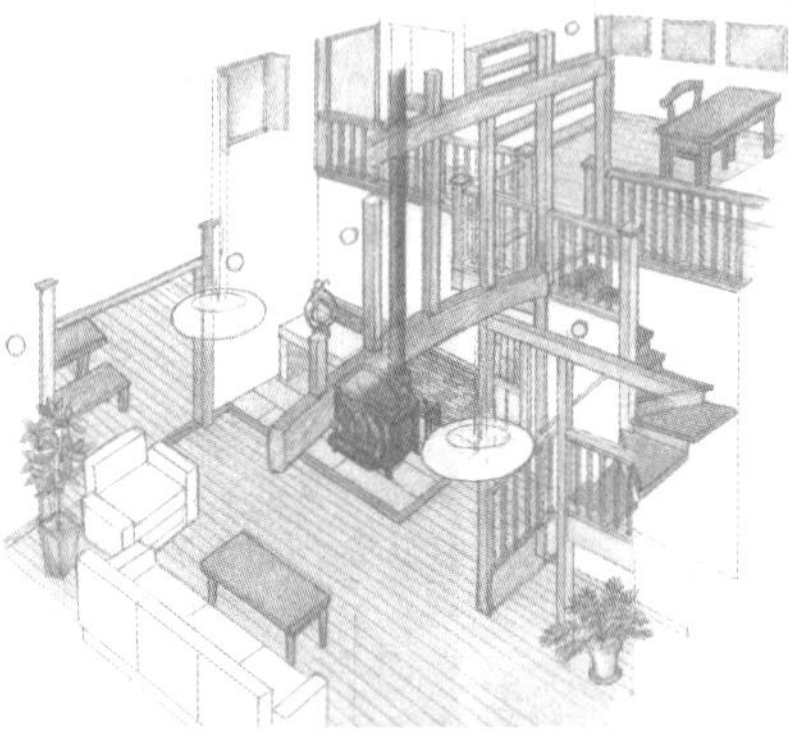

考え方・感性がマッチしてこそ、「関係」は始まる

――増田さんとは、どのようにして出会われましたか？

ご主人　近所の友人が新築したというので見に行ったのですが、まさにヴォーリスの建築に通じる温かみのある木の家でした。設計したのが建築家の増田さんと聞き、すぐに紹介してもらいました。お会いすると、年齢も近く、趣味や感性も合います。

赤い瓦の、大きな屋根の家。外観はスウェーデンのガラス作家の自宅をモデルに。外壁はスイス漆喰。写真外の左に野菜畑が。

イラスト（上）／「新築工事計画図」の中の大塚邸竣工イメージ図で、計画内容が一見して理解できる。増田美砂子さん作。

その時に分かったのですが、増田さんの奥さん、私の店のお客さんでした。

増田(美)　ログハウスの素敵なお店で、ずいぶん熱心に通っていました(笑)。

ご主人　増田さんご夫婦とは、運命的につながっていたと思います。

――増田さんが手がけられた家を見学されましたか？

ご主人　原案づくりの前段階で、和風と洋風の各々の家と、二世帯の家を見て回りました。印象として、それぞれの建物の形は全く違いますが、質感やテイストが一本貫かれていることを感じました。

ちなみに全ての家で薪ストーブが使われていて、増田さん設計の家には欠かせないものでした。私たちもたちまち魅了され、入れてもらうことに。

建て主の「夢」を引き出し、自身のテイスト貫く建築家

――具体的に要望されたことは？

ご主人　最初にお願いしたのは、親世帯と同居できる二世代の家であること、そして4面が庭に面し、明るくて吹き抜けのある家ということです。他にも、あれもこれもしたいと話しましたが、その都度、増田さんが整理され、私の中のイメージが具体化していきました。

家の構造や中は増田さんにお任せ

しましたが、外観だけは、実現したいモデルがありました。インゲヤード・ローマンというスウェーデンのガラス作家の自宅です。小学校を改築した赤い屋根の家で、モーテン・クラークンをはじめとするスウェーデンの若い建築グループが設計を手掛けています。彼らの設計した建築が京都にあり、見学にも行きました。

増田（建） 基本設計の段階で、外観が現在の形にたどり着くまで、私の方で7、8つのプランを提案しましたが、大塚さんはローマンの家にこだわられました。

ご主人　増田さんと話していて、建築家というのはすごいなと。引き出しがいっぱいある。建て主の個性も見ながら、ご自身のテイストもしっかり出しつつ、私が好きな吉村順三風の要素も入れていく。話し合いからすると1年近く設計を練っていました。

CM方式で建築。施工は建て主も参加

――施工はどんな形で進められましたか？

増田（建） CM分離発注方式で、建て主が各専門業者と直接契約するものです。設計事務所は、各専門業者の選定などのマネジメントや、工事監理業務を行うことで建て主をサポートします。

ご主人　業者は自ら選んで、増田さんに金額や工事内容を交渉してもらいました。業者たちはみんな私の友人です。

――大塚さんも現場で作業されたとか。

ご主人　増田さんが、素人でも参加できる所を用意してくれました。私は、柱や2階の床、木枠の塗装をやりました。

この家づくりでは、考えが始まった時から竣工するまで、とても楽しかったです。いざ建ってしまうと、「もう終わってしまったのか…」と。

夫婦各々の居場所があり、自然の移ろいを感じられる家

――住まい方を教えてください。

ご主人　北関東は寒いので、1階リビングにある薪ストーブは、10月中旬頃から3月末まで使います。バケツ一杯の薪をくべれば、家全体が温かに。亡き父が、よくこのストーブの前でくつろいでいました。

私たち夫婦の2階寝室は、ドーム状の天井で、採光面も小さくし、くつろげます。気に入っているのは、家具職人さんに特別仕様でつくってもらったドーマー（屋根裏の明り取り）。開けると春夏は、爽やかな風が入ってきて気持ちがいいんです。

室内の壁は珪藻土とスイス漆喰の白い壁なので、朝から夕方の光の移ろいを味わえます。表情が刻一刻と変わって、美しいのです。珪藻土は料理などから出る匂いも吸収するので、室内の空気を清浄に。

私の居場所は、2階中央ですが、壁で囲まず、吹き抜けに面しているので、家全体の気配を感じられます。ここで好きなものに囲まれて過ごすのが至福の時です。

奥様　私の場所は、キッチンとその奥にある家事室です。家事室では、ナンタケットバスケットづくりに精を出しています。フラワーアレジメントをそのバスケットに飾ったりもします。

私たちは花屋ですが、室内に飾る花は、庭から摘んできます。今日テーブルに飾っているのは、早咲のきれいなスイセンです。

ご主人　庭は建築を始める10年前からつくり始めました。コナラやヤマボウシなど落葉樹を中心として幼い頃に過ごした里山の景観を再現しています。ここでオープンガーデンも開きます。その際、庭好きの人が100名ほど集まり賑わいました。

――暮らしを豊かに楽しまれていますね。

ご主人　こういう家は、若い時だとできなかったと思います。やはり人生を経験して、好き嫌いもはっきり分かった上で、実現できたものなのでしょう。

増田（建） 30代前半で、何十年かのローンを組んで家を建てる方が多い。若い方ほど、「どう建てるか」という答えにはたどり着いていないはず。生涯の家であれば、50年は住むと考えて建てるべきです。私は、30年にわたり、数多くの家を手がけ、建て主の方々の幸せを見守ってきました。これからも、理想の家づくりを目指される方に、培ってきたノウハウをお役に立てたいと考えております。

1F／吹き抜けの中央居間は、キッチン、2階の空間と連続。暖炉は家全体を温めます。床はナラの無垢材。寝室は、ご主人の母親が使用。
2F／中央上がご主人のスペース。吹き抜けに面していて、1階居間の気配が分かります。両サイドは、天井がドーム状の寝室。床はヒノキの無垢材。

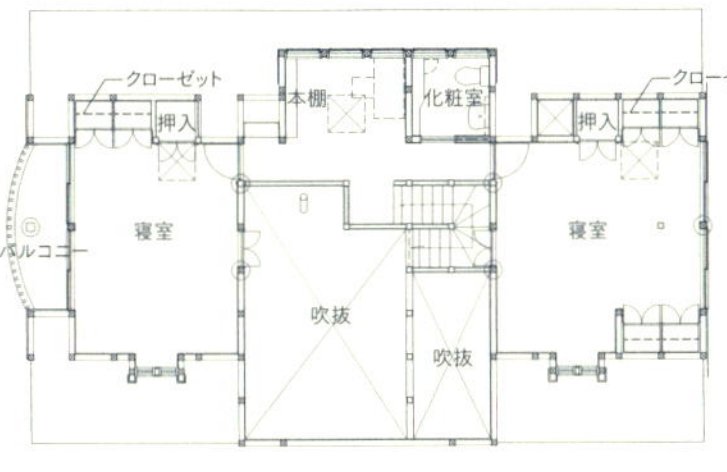

[2F]

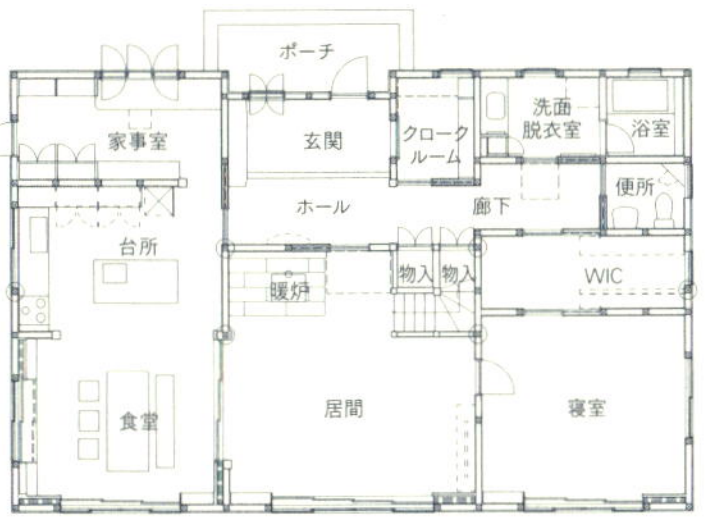

[1F]

設計データ

- 敷地面積…699.42m^2
- 建築面積…132.20m^2
- 延床面積…191.51m^2
- 容積率…27.38%
- 建蔽率…18.9%
- 用途地域…準工業地域
- 構造規模…木造在来軸組工法　地上2階建て
- 意匠設計・監理…増田建徳建築設計室
- 施工…CM分離発注方式

上／ドーム状の2階寝室。右の円形のドーマーから清々しい風が。センスの良い照明器具が素敵です。
下右／中央リビング。左は薪ストーブ。右は、増田建徳さんが発案した「あいうえお階段」。1段目から、アカマツ、イタヤカエデ、ウダイカンバ、エンジュ、オニグルミ、カツラ、キハダ、クリ、ケヤキ、コブシ、サクラ、シュリザクラ、カタスギ、センが板に。
下左／奥様が活けたガラス花瓶の花も瑞々しいキッチン。その壁の裏に、家事室があります。

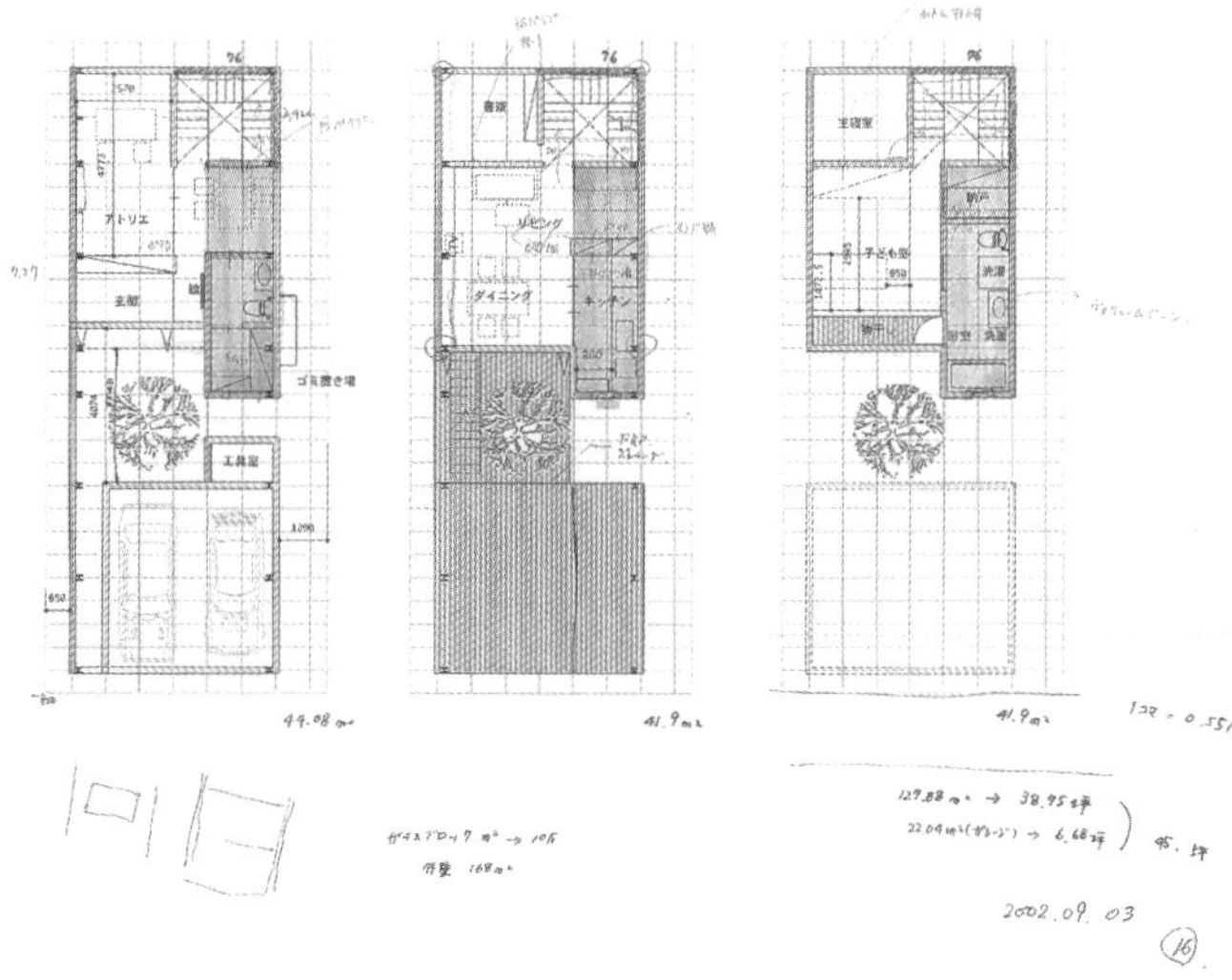
アトリエ
玄関
工具室
ゴミ置き場
書斎
ダイニング
キッチン
主寝室
子ども室
納戸
洗濯
浴室
41.9㎡
41.9㎡
1コマ = 0.551 m
2002.09.03
16

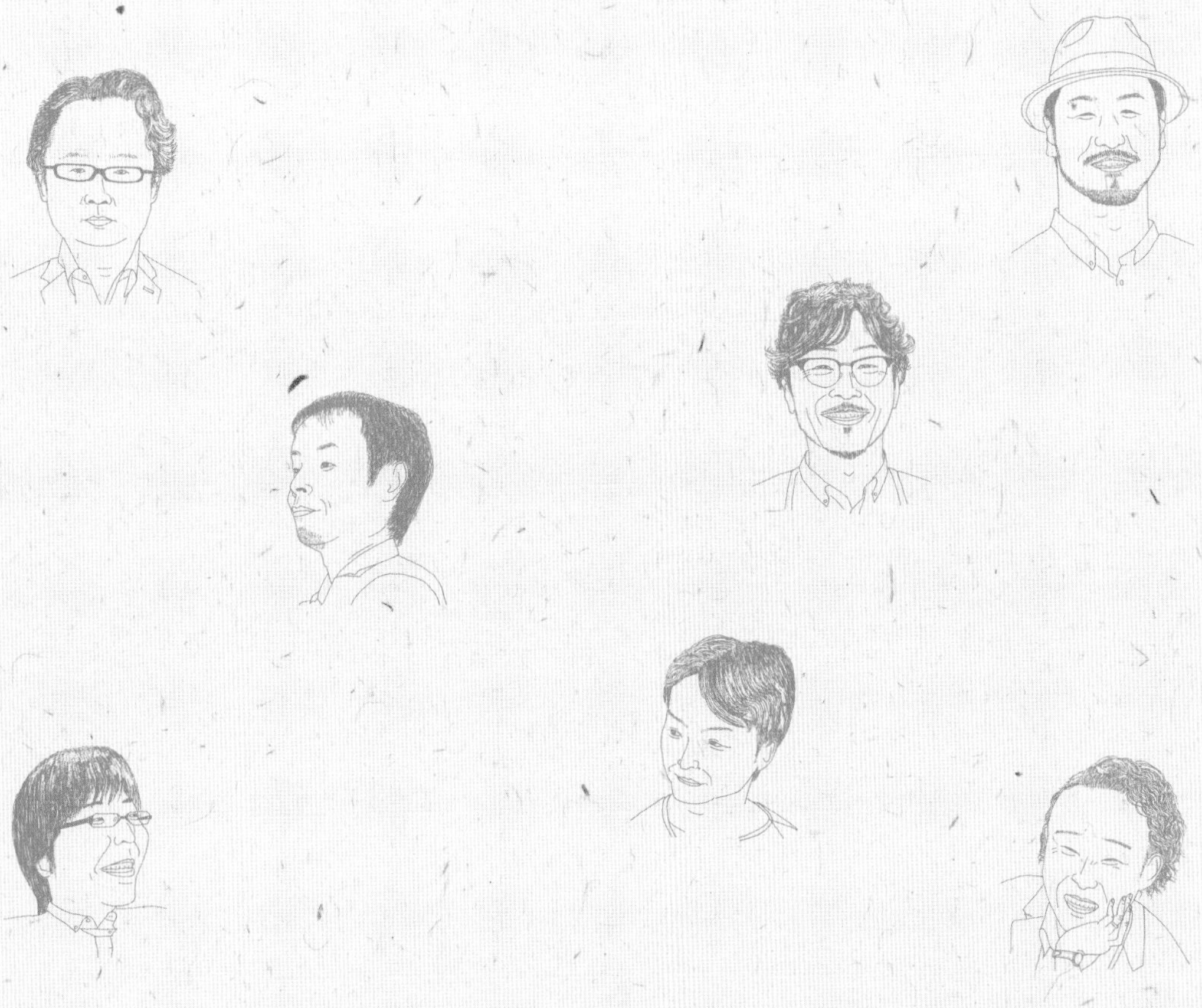

栃木の建築家とつくる家

A House You Build with an Architect in Tochigi

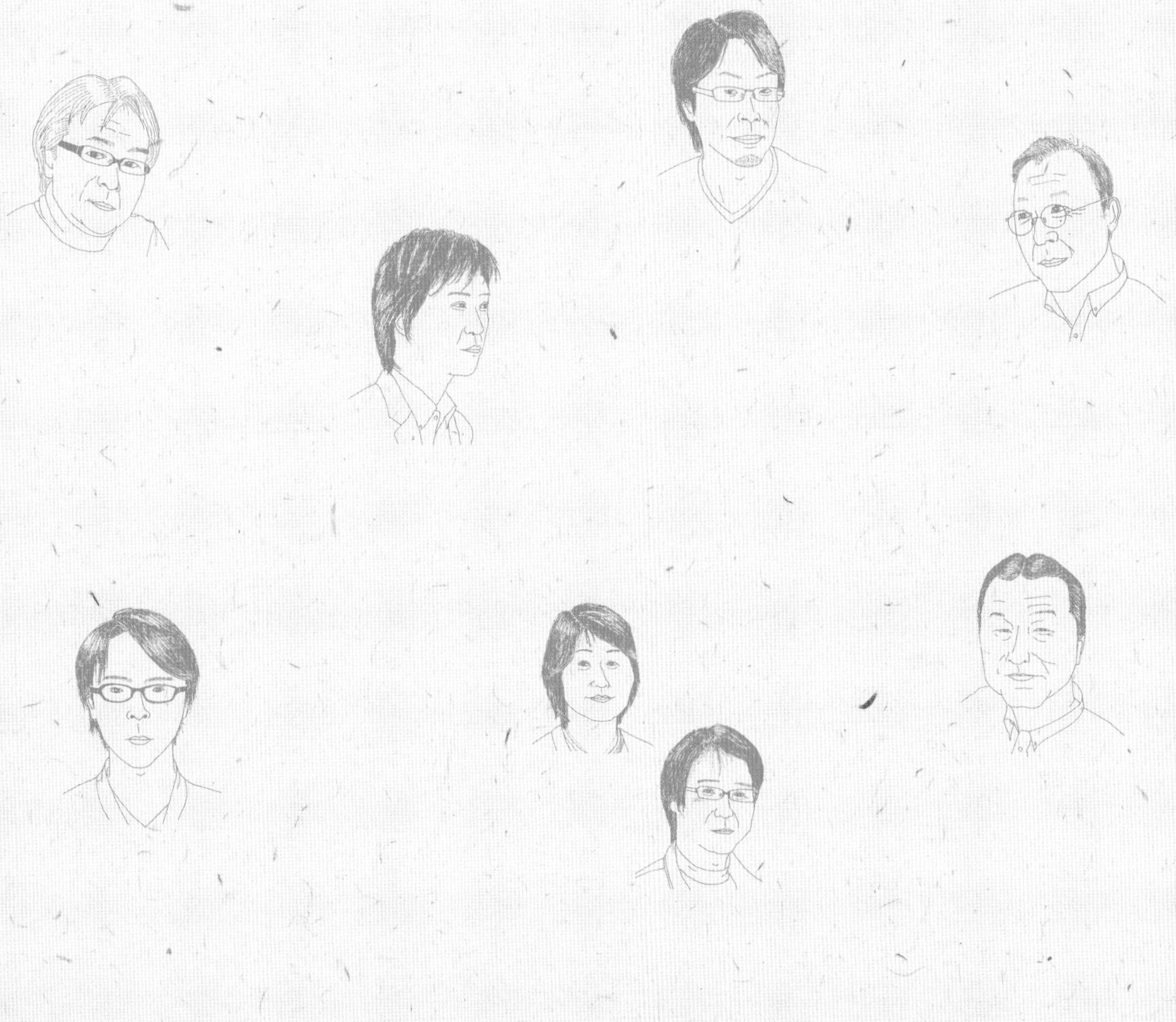

一体的に繋がる
リビングとバルコニーのある家

case 01

本体施工費……2,700万円
家族構成……夫婦＋子供1人
場所……栃木県宇都宮市

リビングと
バルコニーの家

一体的に繋がるリビングとバルコニー（☆を除いて撮影：Takahiro Funami〈IRO〉）

広いリビングと収納、BBQ用スペース

東側に道路があり、南、西、北の3方を隣地に囲まれた敷地に「大きなソファーを置ける広いリビング」「友達を呼んでBBQができるスペース」「たくさんある荷物を置ける収納」この3点を叶える住宅をお願いされました。初めてお会いしたときにはすでに大きなソファーがあり、このソファーを置けるリビングって…と、ワクワクする気持ちと不安な気持ちが入り交じった中での打ち合わせでした。

季節や気分に応じた生活ができる

まず考えたのが「大きなソファー」を置くための面積的な広さ、そして視覚的な広がりをどう創るかということです。大きなソファーを置くことで窮屈感が生まれてしまっては台無しです。そこで「友達を呼んでBBQができるスペース」に屋根と壁を設け、室内のような、半分外部のようなスペース（バルコニー）を提案しました。LDK・洗面所・お風呂に隣接させたバルコニーは、各部屋との一体的利用、視覚的な広がり、雨の日でも安心な物干スペース、さらにはリラックスタイムを演出するバステラスとしても機能します。天気のよい日はみんなでご飯を食べたり、ハンモックでうたた寝したり、季節や気分によりプラスアルファの生活ができるよう考えました。

「沢山ある荷物を置ける収納」については、通常各部屋に1つずつ設けている収納を1か所にまとめることを提案しました。まとめることで広い面積を確保できるだけでなく、家族共有にできるので将来の変化にも柔軟に対応できる収納となります。

建築家からのメッセージ

荒井慎司《アライ シンジ》

●インデコード design office代表

1979年2月18日 宇都宮市生まれ
2000年 宇都宮高等学校（通信制）卒業
2002年 宇都宮日建工科専門学校卒業
2002年 TAKES設計事務所勤務
2008年 in-de-code建築士事務所開設
2011年 インデコード design officeに改名
現在に至る

家をつくりたい方へのメッセージ

設計事務所の仕事をいろいろな方に知ってもらいたくて、オーガニックレストランと雑貨屋さんが入る複合施設（Natural works village）に設計事務所を構えています。

事務所には今まで設計させていただいた建物の写真や模型の展示、建物ができるまでを解説した資料などを用意しています。住まいづくりで悩まれている方、住まいづくりに興味がある方、ランチついでに一度ご相談してみませんか。新たな可能性が見つかるかもしれません。

インデコードについて

四季による変化を味方につけて、住む楽しさを発見できる住宅や店舗の設計をしています。

夏は暑くて大変ですが、ウッドデッキでするBBQや冷えたビールはとことん美味しいです。冬は寒くて大変ですが、こたつに入ってウトウトしてしまう気持ち良さなんて計り知れません。暑いから、寒いからこそ、感じられる楽しみや幸せを、より多くの方に伝えていきたいと考えています。

その他の設計作品

■事務所が入る複合施設 Natural works village

■カーポートと中庭のある住宅

■リビングと連続する外部空間

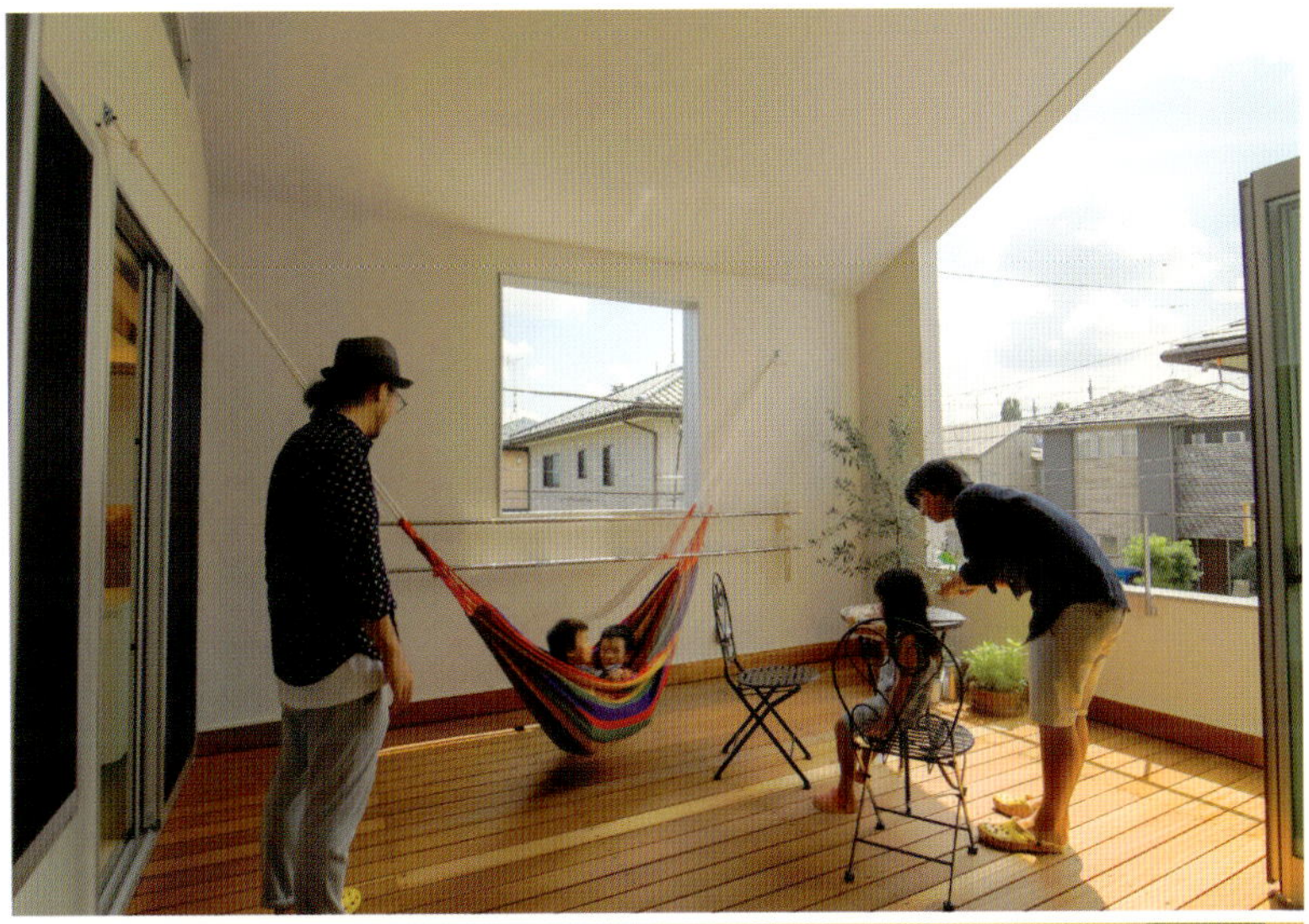

設計データ

● 敷地面積…136.73m²（41坪）
● 延床面積…147.97m²（44坪）
1階／69.72m²（21坪）
2階／78.25m²（23坪）
● 竣工年…2014年
● 用途地域…第一種住居地域
● 建ぺい率…60%
● 容積率…240%
● 構造…木造在来工法
● 設計・監理…
インデコード design office
〒321-0401 栃木県宇都宮市
上小倉町2571-1 Natural works village内
TEL:028-601-0196 FAX:028-601-0196
URL:http://in-de-code.net/
E-mail:info@in-de-code.net
● 施工…株式会社 イケダ工務店

上／屋根付きのバルコニーは機能的
中／勾配の天井がLDKに広がりを与える
下／建物外観、2階の開口部がバルコニー（☆）

右／洗面からバルコニーへ、使い勝手のよい家事動線
左／7帖の収納室

本体施工費....2,200万円
家族構成........夫婦＋子供1人
場所...............栃木県宇都宮市

case 02

雑木の中の家

住環境としてのガレージライフを実現する家

無国籍な佇まいを持つ外観

仲間の集えるガレージを

絶対条件はガレージ。車はHONDAの極低CR-X。仲間の集えるガレージをご所望で、土地探しからスタート。道路との段差を考慮しながら、この雑木のある土地を見つけ購入してもらい、それを生かした設計となりました。

ありがちな眺めるガレージではなく、本気でいじるためのガレージ。とはいえ、住まいとの曖昧な繋がりを持たせることにも配慮したい。1階はほぼ車が占有のため、必然的に居住空間の主は2階へ。雑木の引き込みは更に望め、田園風景を一望できることから2階リビングほぼ一択。緑豊かな周辺環境に馴染むことも忘れませんでした。

空間にメリハリを与える

いかに雑木を住空間に取り込むか。デッキを張り出し、内と外の関係性を曖昧にすることで一体感を演出しました。また、オリジナルで誂えた木製引込戸の位置やヴォリュームによって、嫌みのない開放感を得られています。内部環境には高いところ低いところ、狭いところ広いところ、明るいところ暗いところ。空間にメリハリを与えることで、各々感じるままの居場所をつくりだしています。

吹抜を介することで、ガレージを住空間に馴染ませ、付かず離れずの関係性を保ちました。今作はいかにもなガレージハウスにはせず、住環境の一部としてガレージライフを捉えています。車仲間が集った際の溜まり場も玄関脇に用意しました。

建築家からのメッセージ

飯田 亮 イイダ リョウ

●飯田亮建築設計室 代表

1979年 山形県に生まれ、栃木県で育つ／2000年 地元工務店へ入社／2004年 トステム「TH大賞」準大賞、ナショナル「ココデリフォーム」大賞／2007年 住空間設計LIVESを設立／2009年 TOTO「リモデルスタイル」優秀賞・審査員奨励賞／2010年 TOTO「リモデルスタイル」審査員奨励賞／2013年 第四回建築コンクール 中村好文賞受賞

家をつくりたい方へのメッセージ

「人は住まいを造り、住まいは人を創る」をモットーに、シンプルで飽きのこない、豊かな空間作りを目指しています。設計とは、過度な装飾を施すことなく、余分な「線」を消し、内と外を緩やかに繋ぐ行為なのだと心得ています。また、素材に関しては自然の物を極力使用していますが、その素材でしか作り出すことのできない空間であり、あくまでその延長線上にその素材が存在するだけなのです。是非一度、この空間性をご覧になっていただきたいと思います。

趣味は何ですか?

父の影響で、小さい頃から趣味は専ら車です。現在はVWの66年式カルマンギアをメインとし、仕事用にアルファロメオのジュリエッタ、トラックにはアメリカから逆輸入した71年式ダットサントラックを使用するほど大の車好き。主には、今の車には決してできない優美なライン、妖艶な美しさをもつクラシックカーを好んでおります。自分でもいじることがありますから、今作のようなガレージハウスは大の得意です。

その他の設計作品

■くの字の平屋

植栽で町との境界をつくる

■VermeerRay

飽きの来ないシンプルな空間

■COMODOhutch

とある企画で作った

1坪の小屋

薄暮と白熱灯が杉板張りの外壁を際立たせる

設計データ

- 敷地面積…280.00m²(84.6坪)
- 延床面積…120.40m²(36.3坪)

1階／72.60m²(21.9坪)

2階／47.8m²(14.4坪)

- 竣工年…2015年
- 用途地域…第一種住居地域
- 建ぺい率…60%
- 容積率…200%
- 構造…木造軸組工法
- 設計・監理…飯田亮建築設計室

〒329-0617 栃木県河内郡上三川町

上蒲生2351-7 citta di garage B1

TEL:0285-39-6781 FAX:0285-39-6783

URL:iida-arc.net

E-mail:info@iida-arc.net

- 施工…株式会社 COMODO建築工房

作庭は既存の雑木を生かし、石畳と植栽を添える程度に

上右／雑木の景色を切り取るための窓は木製引込戸

上左／ガレージとつなげた土間玄関

下／低いところ高いところを紡いで空間を構成する

case 03

家族構成........夫婦＋母
場所..............栃木県さくら市

御用堀の家

伝統的な和風建築の良さと古民家風空間をもつ現代的な家

リビング：既存天井を撤去し、大きな吹抜け空間（以下すべて、撮影：鶴見俊文）

バリアフリーで暖かく、耐震性のある家

築38年たった和風建築の住宅です。建て主の母が一人でくらしていましたが、ご高齢になるということで、もともと同じ敷地の別棟に住んでいた建て主夫婦と一緒に暮らすためのリフォーム工事です。バリアフリーで住みやすく、機能的には、暖かく耐震性のある建物にします。光、通風、自然素材、使いやすさはもちろんですが、既存の建物の雰囲気を残し、伝統的な和風建築の良さと現代的な便利な生活のできる家を望まれていました。

既存の梁を利用し古民家風に

題名のとおり以前からの御用堀がある敷地で、日本庭園のある落ち着いた和風建築の雰囲気をそのまま残すことが一番の課題でした。もともと2階建てでしたが、現在使われていない2階部分の撤去や、1階の改修部分の内部をほとんど撤去し、基礎工事からの改修でした。柱や梁は一部を残し、新規に付け替え補強をしています。既存2階部分は屋根を下げ、1階の天井裏吹抜け空間に利用し、各部屋の光と風を確保しました。平屋部分は天井を撤去し、既存の梁を利用した古民家風の天井高のある空間としました。外部の建具は木製硝子戸ですが、新たに内障子を設け、現場発泡断熱材の吹付けや断熱ボードの設置で断熱気密効果をあげました。同時給排気型の換気、吹抜と天井裏の機械排気、耐力壁の設置などで家の機能性をたかめ、薪ストーブや床暖も新たに設置してバリアフリーで住みやすく自然素材の明るい暖かな家となりました。

建築家からのメッセージ

礒 務《イソ ツトム》

●ISO設計室 代表

1960年栃木県生まれ。大学卒業後、宇都宮市内の設計事務所に在籍。1999年にISO設計室を設立。2001年に分離発注で家を造る「オープンシステム」を手掛ける設計事務所のネットワーク「オープンネット」(現イエヒト)の会員となり、「価格の透明化」「建主の参加」の家づくりを実践しております。

家をつくりたい方へのメッセージ

自然素材を中心に、温かな無垢の木の家を多く手がけており、気持ちのいい空間を提案します。「建築家と職人たちでつくる家」と題してCM分離発注で価格の見える家づくりを実践しております。分離発注ならではの、自分と家族だけのこだわりのある家づくりを一緒に楽しみませんか。

少しだけでも家づくりに参加したい。自ら主体となり建築家と一緒に家を造ってみたい、という方にも納得できる家づくりです。

興味のあることは何ですか?

仕事柄か、いろいろな建物やその細部を見るのがすきです。旅行先などで出会ういろいろな建物です。公共施設や美術館等の各展示建物、物産店やお店などによく立ち寄ります。そのときによく「一般の人と見るところが違うね」と言われます。その建物のいろいろな仕上げや、細部の納まりに興味がそそられます。壁や床に触れたり、じっと立ち止まり細部を見てしまい、同伴者に恥ずかしがられます。

その他の設計作品

■大きな吹抜けの家

■高台見晴しの家

■大黒丸太の家

上/外観:通風、光の吹抜け外観
下/リビングと和室:引込障子による独立とつながり

設計データ

- 敷地面積…947.12 m^2(287坪)
- 延床面積…169.62 m^2(51坪)

1階/169.62 m^2(51坪)

- 竣工年…2014年
- 用途地域…第二種住居地域
- 建ぺい率…60%
- 容積率…200%
- 構造…木造軸組工法
- 設計・監理…ISO設計室

〒329-1233 栃木県塩谷郡
高根沢町宝積寺1033-12
TEL:028-675-6372
FAX:028-675-6372
URL:http://www.iso-sekkei.com/
E-mail:iso-tsutomu@nifty.com

右/リビング:食卓から薪ストーブ
左上/廊下:既存2階部からの採光
左下/個室:光天井のある個室

プライバシーを守りつつ、町の気配を感じられる家

case 04

本体施工費 2,000万円
家族構成........夫婦＋子供1人
場所..............栃木県下野市

下野の平屋

〝閉じながら開く〟がコンセプト

敷地は主要国道から一本入った交差点の角地に位置します。建て主の要望は、プライバシー性が高く、居心地の良い住まいにしたいというものでした。しかし、敷地を観察していると、見通しが悪く交通量の多いこの交差点に対し、視線を遮るようなフェンスや塀を道路の境界に立てたくはないと感じました。

歩行者や自動車の視線からプライバシーを守りつつ、それでも周辺環境に馴染み、町の気配を感じられるような〝閉じながら開く〟というコンセプトで設計をしました。

周辺環境に馴染むL字型の平屋に

敷地に余裕があったこともあり、周辺に馴染むよう建物の高さを低く抑えたL字型の平屋とすることにしました。道路から建物を離し、道路の境界に高いフェンスや塀で私的領域を区切るのではなく、大谷石の古材を利用した低い土留を設け、道路との柔らかな緑地帯とすることで町と緩やかにつながるようにしました。

南庭は町に対する中間領域として芝生と立木の庭とし、北側は建物と板塀で囲われたプライバシー性の高い中庭としました。軒の高さが低いことで、北側にある中庭にも十分に日が差し込みます。

内部の仕上げは、床はオークの無垢材とモルタル仕上げ、壁は白い塗装仕上げとし、シンプルにまとめました。コスト面に配慮しながらも、木製建具や無垢材など毎日触れるものにはコストを惜しまず、愛着が持てる仕様としました。

中庭とつながるリビングダイニング

建築家からのメッセージ

大橋文彦 オオハシ フミヒコ

●下野建築設計室 代表

1983年 栃木県生まれ

2006年 国立小山工業高等専門学校
専攻科建築学専攻卒業
設計事務所勤務を経て、

2013年 下野建築設計室設立

家をつくりたい方へのメッセージ

安らげる空間でありながら、背筋を伸ばして生活ができる住まいを目指しています。

住宅の設計は、敷地条件や周辺環境を読み込み、設計者や家族との対話の中でライフスタイルや価値観などを共有することで形になっていきます。

なんとなくのイメージはあってもうまく伝えられない。そんな建て主のイメージを一緒に形にしていければ、と考えています。

今、興味のあることはなんですか?

子育てです。家族と過ごす時間がとても大切です。家族との日々の生活の中で、設計者として気づかされることが数多くあります。それぞれのお気に入りの場所や、どういったところが使いづらそうかなど、つい観察してしまいます。また、子供と向かい合うことで、大人の常識にはとらわれない柔らかな視点で物事を見たり考えることができると思っています。

その他の設計作品

■HOUSE W
(上・下2点)

■HOUSE S

建物の高さを抑えた外観

板塀に囲まれた
芝生張りの中庭

大谷石の古材を敷いたアプローチ

竣工から1年後、
緑に覆われてきた南庭

長さが3mあるシンプルなキッチン

設計データ

- 敷地面積…411.09 m^2 (124.3坪)
- 延床面積…111.17 m^2 (33.6坪)

1階/111.17 m^2 (33.6坪)

- 竣工年…2013年
- 用途地域…市街化調整区域
- 建ぺい率…32.08%
- 容積率…27.04%
- 構造…木造軸組工法
- 設計・監理…下野建築設計室

〒329-0415 栃木県下野市川中子4-227

TEL:0285-35-6789 FAX:027-202-0084

URL:http://smtk-a.com

E-mail:info@smtk-a.com

- 施工…株式会社 本橋工務店

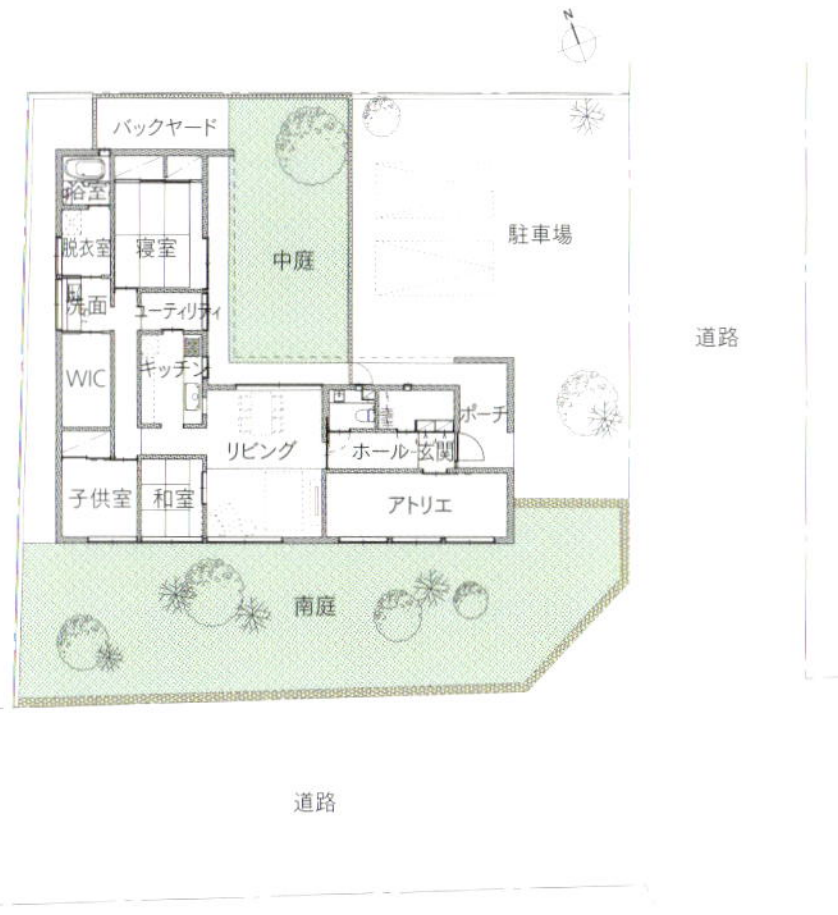

case 05

SYB

家族構成........夫婦＋子供1人
場所...............栃木県足利市

プライバシーを確保しつつ、内部と外部が曖昧につながるおおらかな空間

南西側からの全景

プライバシー重視だがカーテンは不要

「自分たちの生活を見せたくはないし、他人の生活も見たくはない。その上でカーテンが必要のない家がいいです」。建て主であるご夫婦との最初の打合せで言われた言葉です。

計画地は地方都市の郊外住宅地の一画に位置しており、東西方向及び道路を挟んだ北側にはそれぞれ住宅が、そして私道を挟んだ南側には2階建てのアパートが建ち並んでおり、住宅を計画する上での拠り所となるものを一切持たない周辺環境であるだけでなく、建て主が最重要視した日常生活に必要なプライバシーや静けさといったものを確保するためには、十二分な配慮と検討が必要な敷地でした。

閉じた外観でも広がりや回遊性を

敷地の規模や周囲からの視線・喧噪・防犯を考慮し、まず敷地形状に倣って外壁を立ち上げた上で、大小様々な5つの〈外部〉を点在させ、〈内部〉だけでなく〈外部〉も建物に取込む計画としました。点在する〈外部〉は〈内部〉に光や風だけでなく、季節・天気・時間帯といった日常の変化をも取込み、〈内部〉における空間の質を様々に変化させます。また、〈外部〉と〈内部〉の色彩やテクスチャーを合わせて連続性を高めることで、お互いの境界が曖昧になり、〈外部〉にいても〈内部〉にいるような反転性が生じます。

結果、建物全体に広がりや回遊性が生まれ、周辺環境を拒絶したかのような閉じられた外観からは想像できない、変化に富んで大らかな空間を獲得するに至りました。

建築家からのメッセージ

川島 庸 カワシマ ヨウ

●design office ON代表
1979年 新潟県生まれ
2004年 足利工業大学大学院
工学研究科建築学専攻修士課程終了
2006年 design office ON 主宰
2015年 関東甲信越建築士会
ブロック会優良建築物 受賞

家をつくりたい方へのメッセージ

住み手の方々が大切にしている日常がより豊かなものとなるため、ごく普通の生活のなかでのふとした瞬間に、日々における光と影の変化の美しさ、そして抜けていくそよ風の心地良さを気付かせてくれるだけでなく、まるで時間がゆっくりと流れているかのような飽きのこない空間を目指したいと考えています。

今、興味のあることはなんですか？

家族で旅行に行きたいですね。
子供たちや妻とたわいない話をしながら知らない街を散策し、土地土地の名産品に舌鼓を打ち、ゆっくり・まったりとした時間を過ごす。この上ない贅沢だと感じます。

その他の設計作品

■足利のセレモニーホール

■MYC

■KYM

上／リビング・ダイニングからキッチンを見る
下／キッチンからリビング・ダイニングを見る

左／アプローチ
右上／LDKと一体となった2つの中庭を見る
右中／南側中庭
右下／2階個室から光庭を見る

設計データ

- 敷地面積…367.86m²(111.27坪)
- 延床面積…192.16m²(58.12坪)
1階／154.16m²(46.63坪)
2階／38.00m²(11.49坪)
- 竣工年…2015年
- 用途地域…第一種住居地域
- 建ぺい率…60%
- 容積率…184.40%
- 構造…木造在来工法
- 設計・監理…design office ON
〒327-0007 栃木県佐野市金吹町2355
TEL:0283-23-3102 FAX:0283-23-3102
URL:http://designofficeon.com
E-mail:mail@designofficeon.com
- 構造設計…株式会社 田中構造設計事務所
- 施工…足利土建 株式会社

緑・光・風を効果的に取り込む アトリエ併用住宅

case 06

家族構成……夫婦＋子供2人
場所……栃木県宇都宮市

アトリエのある小さな家

ホワイトの壁面に窓と木格子を効果的に配置
（以下すべて、撮影：エネックス写真事務所）

2つの用途を「適度な距離感」でつなげる

敷地東側に広がる公園のイチョウやサクラ等の木々と、敷地内にあるハクモクレンを建物に取り込み、「外とのつながり」を重視して計画しました。また住宅密集地という立地条件なので、高さを低くして地域に馴染む、落ち着きのある外観デザインにすることも重要な要素として考えました。「アトリエ」と「住宅」という2つの用途を「適度な距離感」でつなげて共存させるという、併用住宅ならではのテーマにも取り組んでいます。使用する木材や大谷石等の素材を活かした、シンプルでバランスの良い空間の中で、家族が自然（緑・光・風）を感じながら生活できることを目指しています。

やわらかい落ち着きのある印象的な空間

敷地の北側には母屋があるため、建物を南側に寄せた配置とし、2棟の間に「中庭的空間」を設けるようなL型の平面にしました。1階の中心にはそこに通じる大谷石床の土間を配置し、ホールとしてだけではなく、アトリエと住宅の意識を切り替える中間ゾーンとして機能しています。また東側の一部を眺望の良い角度に合わせて回転させ、大きな開口部を設けることで、緑あふれる風景や風を効果的に取り込むことができました。壁の砂漆喰のホワイトとのバランスを考え、多種の木材と、表情豊かな大谷石を効果的に採用して、やわらかい落ち着きのある、それでいて印象的な空間になりました。主暖房に採用した薪ストーブも、温熱環境面と視覚的要素による暖かさで、その空間に魅力をプラスしています。

建築家からのメッセージ

神原浩司《カンバラ ヒロシ》

●かんばら設計室 共同代表

1970年 宇都宮市生まれ／1993年 日本大学生産工学部建築工学科卒業／1993年（有）藤原設計事務所入所／2008年 かんばら設計室ネットワークスタッフ／2010年 かんばら設計室共同主宰

神原敦子《カンバラ アツコ》

●かんばら設計室 共同代表

1971年 河内郡上三川町生まれ／1994年 神奈川大学工学部建築学科卒業／1998年（有）藤原設計事務所入所／2004年 かんばら設計室設立

家をつくりたい方へのメッセージ

「シンプルで温かみのあるもの」は、時代の流れに左右されない恒久的なものです。その空間の中で、無意識のうちに人や自然とつながっていったり、室内でも空や木々の表情で四季の移ろいを感じられたり、そんな建物を皆さんと一緒に造り、「楽しみ」や「喜び」を共有できたら嬉しいですね。そんなことを考えながら、デザイン、構造、機能をバランス良く融合した「心の快適空間」をご提案しています。

趣味は何ですか？

浩司：音楽を演奏したり（ギター）聴いたりするのが好きです（特に70～80年代のジャズ・フュージョン系、ポップス系が好み）。バンドで年数回ライブやイベントに参加しています。／敦子：草花や観葉植物など世話をするのが好きで、葉の緑や可憐な花に癒されています。樹木からの恩恵によって、快適な住環境を得られるので、雑木の庭の考え方に共感しています。

その他の設計作品

■矢板K

上／スキップフロアーで
南北の庭がつながる
下／木製の竪格子が
「和」の印象を造る

■屋板I

大谷石と庇が
フレームと取合う外観

アトリエからはホールを介してモクレンが見える

上右／大谷石の床がホールを
落ち着いた空間にしている
上左／印象的な形の屋根で
建物の高さを低く見せる
中／リビングからバルコニーを
通して公園の緑を見る
下／薪ストーブと大谷石が
印象的なダイニング

設計データ

- 敷地面積…195.53m²（59.15坪）
- 延床面積…154.15m²（46.63坪）
2階／73.31m²（22.18坪）
1階／80.84m²（24.45坪）
- 竣工年…2014年
- 用途地域…第一種住居地域
- 建ぺい率…44.68%（MAX70%）
- 容積率…71.22%（MAX200%）
- 構造…木造軸組工法
- 設計・監理…かんばら設計室
〒321-0152
栃木県宇都宮市西川田5-24-3
TEL：028-645-7820
FAX：028-645-7820
URL：http://www.kan-bara.com/
E-mail：barakan@beige.ocn.ne.jp
- 施工…株式会社 佐藤材木店

case 07

自然と共存する家

芦野石と漆喰を使い、景観を活かした2世帯住宅

家族構成……..親世帯／2人、子世帯／夫婦＋子供2人
場所……………栃木県栃木市

建物の要所に素材感を出す

敷地周辺は古くからの集落地であり、長閑な田園風景と、西側には万葉集にも歌われた三毳山《みかもやま》を眺めることができる景観のよい場所です。敷地の西側には三毳山、北側と東側には雑木林が広がり、この景観を活かす計画と素材感が出る建築を心がけ、施主の要望でもある「石と塗り壁を使ってほしい」というのも重なり、栃木県那須町で採掘されている芦野石と、佐野市で生産される漆喰を使い、建物の要所に素材感を出す工夫をしました。

キッチン、ダイニングと一体利用の大空間リビングルーム

家族6人住まいの2世帯住宅であり、部屋数も多く、動線計画と部屋同士のつながりに配慮し、構成としては1階に親世帯と共用空間、2階に子世帯と上下でゾーンを分けました。「石と塗壁をふんだんに使い、冬は薪ストーブで暖を取りたい」という要望を念頭に、この家には芦野石と漆喰を余すことなく要所に散りばめました。ゲスト用玄関の壁と床、リビングに面するテラス全面に芦野石を施し、雨で塗れた床は違った趣きを演出します。リビングルームはキッチン、ダイニングと一体利用とし、家族全員が集まっても狭く感じないように大空間としました。また、ダイニングの一角には薪ストーブを置き、冬には暖を取りながら家族団らんの食事、なんてことも楽しめます。ただし、大空間となると気になるのが冷暖房などの光熱費。空調負荷がかかり夏場冬場は負担になりがちですが、壁と開口部の断熱性能を上げることによってこれらの悩みを解消することができました。

ゲスト用玄関上部を見上げる。
一文字の金属板と白の外壁がコントラストを生み出す

建築家からのメッセージ

栗原 弘《クリハラ ヒロシ》

●栗原弘建築設計事務所代表

1974年佐野市生まれ。設計事務所及び建設会社に勤務後、2003年に栗原弘一級建築士事務所を設立。主に住宅建築、商業建築、公共建築の設計監理業務を軸に展開し、まちづくり等にも関わる。2007年に栗原弘建築設計事務所へ改名し、2016年3月より「合同会社 栗原弘建築設計事務所」へ組織変更。

家をつくりたい方へのメッセージ

建築には正解がありません。そして無限の可能性を持っています。ですから自由な発想で考えていいのではないでしょうか。私の事務所では、素材が活きる建築、景観や環境・色彩に配慮した建築、建築そのものが持つべき機能美・景観美・プロポーションを最大限に引き出し、提案することに重心を置いています。ゼロからつくる家づくりを楽しみましょう。

趣味は何ですか?

一つ目に「ワイン」です。ワインはぶどうの産地や畑によって味が変わり、さまざまな産地のワインを飲んでいくうちに、違う美味しさを楽しめるというところにハマりました。建築も材料の産地が違えば特性も違う、というところは共通点かもしれません。二つ目に「旅行」です。さまざまな場所へ行っていますが、いま行ってみたいところは日本のマチュピチュと呼ばれる竹田城址。竹田城址から見る雲海はぜひとも見てみたいです。フランスにあるモンサンミッシェルにもぜひ行ってみたいですね。

その他の設計作品

■高萩町公民館
栃木県佐野市

■ジュウノ間の家
栃木県佐野市

■岩舟の家/鑑賞の庭
栃木県栃木市

上/リビングとダイニングに面してテラスを計画。9mあることによりフレキシブルに利用できる
下/リビングにはギリシャ産の大理石を敷き詰め、ダイニングの一角に薪ストーブを設置した

設計データ

- 敷地面積…499.90 m^2(150.91坪)
- 延床面積…282.74 m^2(85.35坪)
1階/178.40 m^2(53.85坪)
2階/104.34 m^2(31.50坪)
- 竣工年…2013年
- 用途地域…市街化調整区域
- 建ぺい率…60%
- 容積率…200%
- 構造…木造軸組工法
- 設計・監理…栗原弘建築設計事務所
〒327-0821 栃木県佐野市高萩町1235-19
TEL:0283-24-7099　FAX:0283-24-7176
URL:http://www.hkarchi.com
E-mail:info@hkarchi.com
- 施工…酒井工務店

上/ゲスト用玄関には芦野石をふんだんに使用。間接照明で柔らかな空間とし、客人を迎える
中/客室として利用する和室。坪庭を介して光と風を取り入れる
下/子世帯のリビングは2階へ。緑化したルーフバルコニーと内外一体的に利用できる

地元県産材の杉を使用し、和のテイストを表現

case 08

本体施工費 2,600万円
家族構成........夫婦＋子供2人
場所...............栃木県鹿沼市

house UT

高さを抑えて軒の深さと薄さにこだわった外観
（以下すべて、撮影：kazufumi nitta）

祖父の家を解体しての新築物件

建築主からのご要望は、敷地続きに親家族の家のある祖父の家を解体しての新築物件で、なるべく解体した祖父の家の材料を使って、和のテイストを取入れた家。外観は、無垢材を使い黒を基調とした佇まい。内部は、畳に堀炬燵、無垢材の床といったご要望でした。

また、断熱性能も気にしておられ、温かい家にしてほしいとのことでした。敷地条件は、主要道路より一本入った静かな場所で、東側道路、北側西側を畑、南側に親家族の家といったどの方角からも採光、通風の得られる高条件の敷地でした。親家族の家との関係性、東側道路よりのプライバシーの確保などを考慮して設計に進みました。

断熱性能を確保した吹抜け空間

地元県産材の杉を玄関や外壁に使用したり化粧垂木とした屋根から和のテイストを表現しました。パッシブデザインより深い軒が必要で、断熱性能や通気経路を確保しながらすっきりとした外観にすべく薄い屋根に見せることに苦労しました。

内部は、祖父の家に使われていた丸太梁と趣のある古ガラスを再利用しながら、ご要望にあった畳に堀炬燵を設けた茶の間をつくりました。畳座した時の対面キッチンのカウンターとの高さを合わせるため3種類の床高を設けたり、空間構成、全館の室温の均一化、家族の繋がりのため吹抜け空間を設けました。断熱性能を確保した箱での吹抜け空間はメリットが多く、入居後の建築主からも喜びの声をいただきました。

建築家からのメッセージ

佐藤大介 サトウ ダイスケ

●創右衛門一級建築士事務所代表

1977年 宇都宮市生まれ／1998年 日建工科専門学校卒業、地元建築設計事務所勤務後／2009年 創右衛門一級建築士事務所開設／温熱環境に興味があり、エネルギーエージェントを取得したり、自立循環型住宅研究会にて勉強してます。

家をつくりたい方へのメッセージ

光や風が通り抜けて、素材そのものの質感を生かした使い方が好きで、それらを組合せたシンプルな建物が好きです。快適な住まいとしては、温熱環境もとても重要な要素と考えており、断熱性能にも力を入れています。

また、設計の工夫で太陽や風などの自然エネルギーを取り込んだり遮ったりするパッシブデザインを設計に取入れ、家の快適性能を重視しながら機能美を伴ったデザインの追求と綺麗なディテールを大切に設計に取組んでいます。

話し合いを重ね、心踊るような住まいのお手伝いをさせていただきたく思います。是非、住まいづくりを楽しんでください。

趣味は何ですか？

バイクと子育てです。バイクは今は手放して所持しておりませんが、Triumphを近いうちに購入したいと思ってます。

子育ては専ら公園で遊んでいることが楽しいのですが、5歳になった息子と一緒にできるスポーツの習い事を探しています。今現在の候補は、ボルダリングかキックボクシングです。

その他の設計作品

cafe miu

庭と繋がるcafe

house HT

light courtのある平家の住まい

畳の茶の間空間

端部の薄さと質感に拘った玄関

玄関内部

温度の均一化を考慮した吹抜け空間

設計データ

- 敷地面積…370.24m²（111.77坪）
- 延床面積…121.87m²（36.79坪）
  1階／68.88m²（20.79坪）
  2階／52.99m²（15.99坪）
- 竣工年…2014年
- 用途地域…市街化調整区域
- 建ぺい率…60.00%
- 容積率…200.00%
- 構造…木造在来工法
- 設計・監理…創右衛門一級建築士事務所
  〒320-0046 栃木県宇都宮市
  西一の沢町13-16
  TEL：028-348-0224　FAX：028-348-0224
  URL：http://souemon.net
  E-mail：souemon@rd5.so-net.ne.jp
- 施工…有限会社 渡辺工務店

シンプルな出窓がある吹抜け空間

空間を広々とみせた
25坪の平屋住宅

case 09

家族構成……夫婦＋子供2人
場所……栃木県佐野市

縁の住まい

縁側空間と大きな開口を持つ住まい

気配りのデザイン

両親が暮らしている母屋住宅の隣に計画するので、「高さを抑えた住宅にし、2家族が並ぶことの佇まいに注意してほしい」というご両親への気配り。室内空間は杉の床を利用したナチュラルなテイストや、遊びのあるロフト空間を利用した収納スペース、通風、プライバシーに考慮した住宅を望まれていました。

機能の外観デザイン

南にゆったりと確保した縁側空間と大きな開口、そして寄り添う2つの屋根が印象的な住宅です。母屋へ朝日を落とすための屋根と、縁側に深い軒を形づくるための屋根をデザインしています。また、リビングのプライバシーを保つために、前面道路からの視線を遮る袖壁と玄関の屋根を一体的にデザインしています。

コミュニケーションのデザイン

25坪＋3坪のロフトという空間ながら、無駄を省き広々と構成された一室空間は、家族同士のコミュニケーションを促し、住まい手の自由な暮らしを支えます。また畳と杉無垢材が和を感じさせるくつろぎ空間を演出してくれます。

ロフト空間を利用した南北通風や、既存家具に合わせて建物形状を決めるなど、綿密に打合せして計画しています。また、「軒の深い縁側」がご両親との交流の場になっているようです。2家族が気兼ねなく暮らせる距離と、縁側の機能が活かされ「コミュニケーション」を育む住宅として愛されているようです。

建築家からのメッセージ

関口岳志 セキグチ タカシ

●岳設計工房 代表

1971年 栃木県佐野市生まれ／1993–2003年（株）野村設計 東京本社勤務／2004年 一級建築事務所「岳設計工房」設立／2004年 佐野共同産業技術学校 講師就任／2008年 さのし建築景観賞 受賞／2013–15年 8人の建築家展 出展／2014 佐野市水と緑と万葉のまち景観賞 受賞

家をつくりたい方へのメッセージ

あなたにとっての最適な住宅は、あなた自身の中にあります。それを探り、考えを共有し、時間をかけて計画をした住宅こそ、家族の幸福な暮らしを導けるものです。良い家づくりは「あなたの想いをくみとり具現化する」建築家と「細部に気を配り創り上げる」職人の仕事があってこそ実現します。より自由に、より快適な住宅を求める建主様、是非お声掛けください。一緒に夢を実現させましょう。

ライフスタイルで大切にしていることは？

家族や子供との時間を大切にしております。

個人的趣味や興味以前に、子供が生まれてから家族との関わりが最も重要になりました。

最近は幼稚園の父母の会会長や小学校の読み聞かせなど、より積極的に子供達に関わる暮らしをしています。また、美しい風景・建築・そして家族の写真を撮影し記録することが、近年の趣味になっています。

その他の設計作品

■Tree Re-hair

夕闇に映える行灯のような
美容室併用住宅

■食彩みなとや

柔軟性・融通性をデザインした
和食屋併用住宅

外とつながる室内空間

庭に大きく開く窓

ロフトとつながる勾配天井

緑の住まい プレゼン模型

設計データ

- 敷地面積…307.21 m^2（92.74坪）
- 延床面積…81.72 m^2（24.67坪）

1階／81.72 m^2（24.67坪）
一部ロフト空間 9.94 m^2（3坪）

- 竣工年…2015年
- 用途地域…第一種住居地域
- 建ぺい率…30.49%
- 容積率…26.60%
- 構造…木造軸組工法
- 設計・監理…岳設計工房

〒327-0843 栃木県佐野市堀米町3651
TEL:0283-27-0306　FAX:0283-27-0206
URL:http://gaku-architect.jp
E-mail:info@gaku-architect.jp

- 施工…有限会社 須藤工務店（佐野市白岩町）

特徴的な2つの屋根と深い軒

case 10

本体施工費....3,500万円
家族構成........夫婦＋子供2人
場所..............栃木県下野市

中庭のある家

夏涼しく、冬暖かい、開放的な吹抜け空間をもちながら中庭を通して四季の移ろいを感じられる住まい

中庭と一体感のあるリビングルームと寝室

分譲地の真ん中でも開放的で快適な空間を

施主は、敷地が分譲地の真ん中であること、北面道路などの敷地条件から周囲が建物に囲われてしまうことや、日照と風通しの問題を気にされていました。そんな敷地条件の中でも、プライバシーを確保しつつも、採光と十分な風の通り道をもった、開放的な空間がほしいとの要望があり、もちろんその中にはお庭への配慮も含まれていました。開放的な吹抜け空間がほしいという要望とともに、吹抜け空間の冬の寒さを特に気にされており、温熱環境として夏涼しく、冬暖かい住居の提案を求められました。

中庭と各室とを一体化しつつ温熱環境を確保

典型的な分譲地において、周囲の環境に左右されることなく快適な環境をつくるための方法として、家のボリュームをコの字型とし、プライベート性を確保しつつ、開放的な中庭を作りました。内部空間は、その中庭を中心に各室が配置される構成をとっております。特にリビングには、大きな吹抜けと大開口を設け、庭との一体感を演出しながら、上下との関係性も持たせ、2階でも中庭を感じることができます。パッシブな設計手法により、自然エネルギーを受動的に利用するのをベースにしながら、それに合わせて空気式集熱システム「そよ風」を使い、建物全体の温熱環境を確保し、吹抜け空間には薪ストーブを配置して、快適な環境になるように配慮しました。その結果、外と中がつながり、季節の移ろいを感じられながらも快適に過ごせる空間を楽しんでいただいております。

建築家からのメッセージ

中山大輔 ナカヤマ ダイスケ

●中山大輔建築設計事務所 代表

1977年 静岡県生まれ／2000年 近畿大学理工学部建築学科卒業／2000–06年 設計事務所勤務／2006年 ジオビオデザイン一級建築士事務所設立／2011年 中山大輔建築設計事務所に改名／2015年 法人化、株式会社中山大輔建築設計事務所設立、代表取締役

家をつくりたい方へのメッセージ

日々の暮らしの中に、家とともに生きる庭の美しさ、木製の開口部から差し込む光、木や草や紙や土といった自然の味わいを感じる素材、そんなことを考えながら設計をしています。自然からの恵みを上手く取込み、美しさや豊かさを内包し、快適さを感じられる住まいこそが理想だと思っております。普遍的な美しさや価値をそこに見いだし、長く愛される住宅を目指して、真摯に、設計を続けて行きたいと考えております。

趣味は何ですか？

なかなかこの仕事をしていると難しいのですが、時間を見つけて旅にでるようにしています。もちろん建築を見ることも多いのですが、それ以上に旅をしていると、自由になれたり、文化を感じたり、美味しいものを食べたり、未知なる経験ができたり、タフになったり、日常に感謝を感じたり…。少なからず、その旅で得た経験は私の設計にもよい影響を与えていると思います。旅は、人生を豊かにしてくれると思っております。

その他の設計作品

■傾斜地に立つ家

上／南側から建物を見る

下／ダイニングからの風景

■北庭の家

左／北庭からの夕景

右／リビング・ダイニングの開口部から北庭を眺める

上／リビングより中庭を見る

下／2階ラウンジより子供部屋を見る

中庭に対して開かれた寝室

キッチンより中庭を見る

木のぬくもりを感じられる子供部屋

芦野石の床と、ひのき張りの浴室

設計データ

- 敷地面積…272.74 m^2（82.28坪）
- 延床面積…171.45 m^2（51.76坪）

1階／125.15 m^2（37.81坪） 2階／46.30 m^2（13.97坪）

- 竣工年…2011年
- 用途地域…第一種中高層住居専用地域
- 建ぺい率…48.45%
- 容積率…62.80%
- 構造…木造軸組工法
- 設計・監理…株式会社 中山大輔建築設計事務所

〒321-0118 栃木県宇都宮市インターパーク3-3-7-603

TEL：028-902-8353　FAX：028-902-8354

URL：http://www.nkym-aaa.com

E-mail：info@nkym-aaa.com

空と庭とリビングが
ともに移り変わる生活空間

case 11

家族構成……夫婦＋子供2人
場所……栃木県宇都宮市

空を囲む家

空間をガラスで分ける（以下すべて、撮影：kazuma nomura）

敷地条件と建築空間を融合

施主とは見学会で住宅を気に入っていただき、土地選定からのお付き合いになります。希望の土地は、旗状で細い路地を通り、南には大きな住宅が建ち、敷地の広い範囲に影を落としていましたが、四方を住宅で囲まれていることもあり、閑静な環境を施主は気に入っておられました。

設計のポイントは、とにかく明るく暖かくという方向性でしたので、周囲の環境を考慮して、空を「コ」の字の修景としてとらえてみました。

光と暖かさの確保を最も考慮し、敷地を白い壁で囲むことで光を反射させ、その効果をさらに上げることに成功しました。

シンプルな空間に心情を映す

リビングと中庭をガラス一枚で一体化、広々としたリビングとしてみなし、さらに、吹き抜けとキャットウォークを設けることで、メンテナンス性を高め、2階にある子供部屋との関係性を強めました。

中庭は白い外壁に囲まれ、カーテンの不要な生活は、プライベートを気にせず、移り変わる季節の景色の中で生活を楽しむことができます。

中庭一体化したリビングは、一本のもみじが枯山水の庭の石のように、時間と時代とともに、家族それぞれの見え方を変えていきます。

シンプルな美意識は、そのような空間だからこそ見えてくるのではないでしょうか。

建築家からのメッセージ

長谷川 拓也 ハセガワ タクヤ

●長谷川拓也建築デザイン 代表

1968年 福島県三春町生まれ／1994年 宇都宮大学建設学科建築学卒業／同年 都市環境建築設計所 入所／2000年 長谷川拓也建築デザイン設立、「いわきの家」設計コンペ準大賞、宇都宮市景観賞「大塚邸」／2003年 宇都宮メディアアーツ専門学校非常勤講師

家をつくりたい方へのメッセージ

われわれの目指すところは「住まいは、衣。人をやさしく包み、暮らしを美しく飾る。光と、風と、素材で日々をデザインすること」。

家を建てるまでの過程には、土地、お金、建物、工務店、維持、生活などなど数多くの要素が複雑に関わってきます。それらを住み手とともに整理し、形にしていくお手伝いをします。形のデザインだけではなく、生活そのもののデザインを着ごごちのよいものに。

趣味は何ですか？

幼いころからずっと絵を描いたり、工作をするのが大好きでした。建築をゼロから作り上げていく今の仕事は、幼いころからの趣味が仕事になっただけなのかもしれません。

休める日は、プール、海、川、温泉など、自然の水の中で体を浮遊させることで、あわただしい日常から解き放たれ、心身をリラックスすることが今のところ唯一の楽しみです。

その他の設計作品

■緩やかに囲む家

くの字型の家

■四季を感じる家

母屋につながる小さな家

■格子と長屋門の意匠

中庭を囲むロの字プラン

中庭から居室空間を望む

空と中庭の修景

キャットウォークとのぼり棒

設計データ

- 敷地面積…267.39m²（80.9坪）
- 延床面積…126.83m²（38.3坪）

1階／70.52m²（21.3坪）

2階／56.31m²（17.0坪）

- 竣工年…2014年
- 用途地域…第一種中高層住居専用地域
- 建ぺい率…33.80%
- 容積率…47.43%
- 構造…木造在来工法
- 設計・監理…長谷川拓也建築デザイン／ADT

〒321-0132 栃木県宇都宮市雀の宮1-6-1-105

TEL：028-678-9173　FAX：028-678-9173

URL：http://www.adt-design.net/

E-mail：info@adt-design.net

- 施工…DOHOUSE

内部は白い空間。外部は一転黒いガルバ

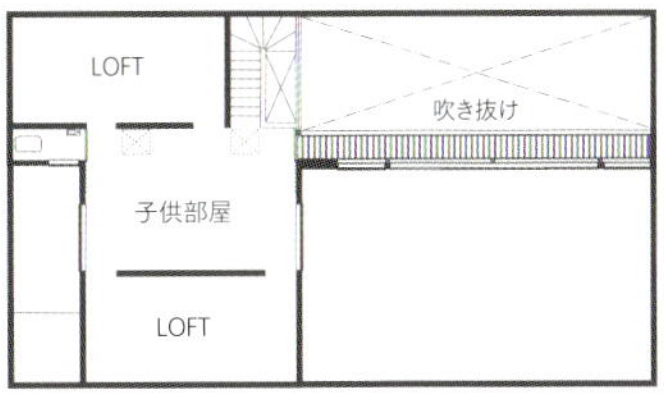

［2F］

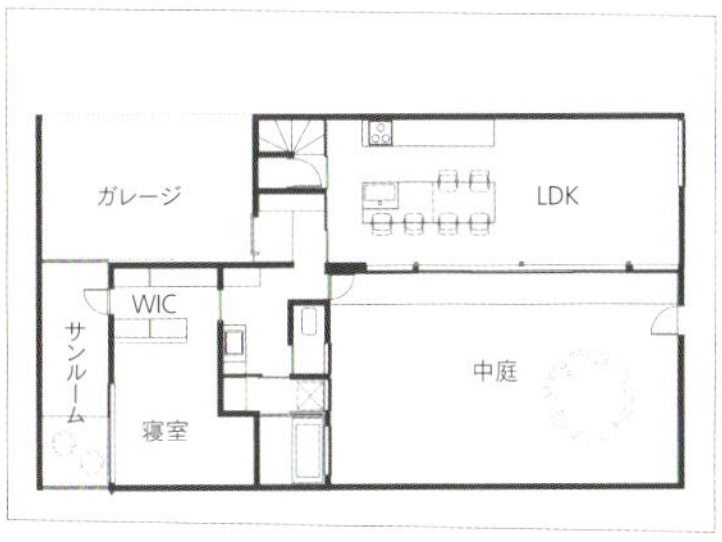

［1F］

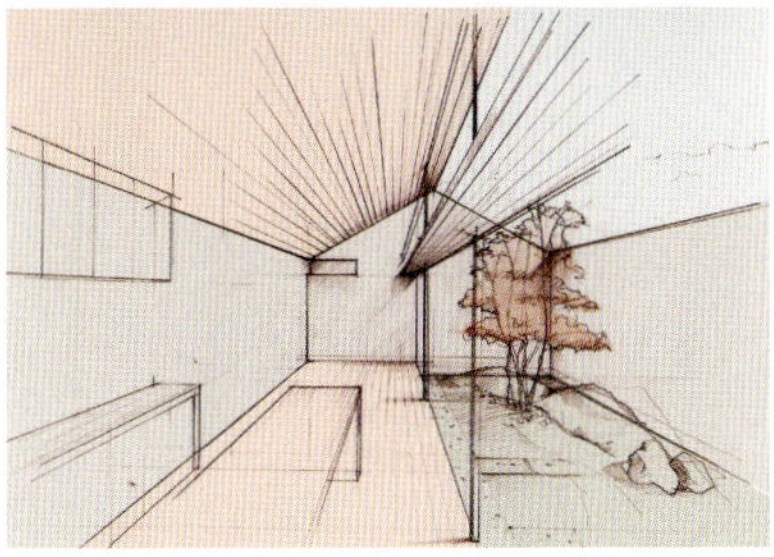

イメージスケッチ／庭とリビング

case 12

高台にある家

既存住宅敷地に増築した家

家族構成……夫婦＋子供1人
場所……栃木県鹿沼市

限られた敷地を最大限使い、広がりを感じさせる増築の家

母屋を減築したうえで別棟を増築

既存母屋がある敷地に住居を増築の計画。必要に応じて母屋を減築した上で、別棟増築することが希望。

建て主からは、景観に合うオーソドックスな外観とともに自然素材を用いてシンプルな広がりのある空間にしたいというご要望でした。また、増築後の既存母屋とのつながりとプライベート感の確保、趣味のアウトドアの用品等をしまう場所の確保をすること。空間構成については、母屋との行き来を考慮し1階にリビングを配置、2階は必要最小限の広さのプライベート空間としたいという要望でありました。

森からの眺望と採光を確保する

既存母屋がある家の増築計画。同一敷地内に2つの住宅は建てられませんので、減築に加えてキッチンも削減した上で、別棟増築することにしました。限られた敷地を最大限有効に使い、かつ広がりを感じる空間になるよう、建物は母屋と共有の庭を囲む配置にしました。また、この土地の南側と西側は敷地よりも数メートル低くなっていて、比較的プライベート感のある場所になっています。特に南側は道を挟んで森となっており、森までの距離はあるものの樹高があるため季節によっては少し陰になりがちでした。そこで1階には大開口とともに吹き抜けを設けて採光を確保し、眺望とともにリビングの奥まで明るくできました。また、断面的には大きな吹き抜けを設けたことで、2階の子供部屋とつながりのある構成となっており、床面積以上に大きな空間になりました。

リビングダイニング　吹き抜けからの光が奥まで差し込む空間

建築家からのメッセージ

本田昌平《ホンダ ショウヘイ》

●アトリエdoor
一級建築士事務所代表

一級建築士、二級福祉住環境コーディネーター／1971年 福島県田村市生まれ／1995年 宇都宮大学工学部建設学科建築学コース卒／1995年 設計事務所勤務、公共建築物を主に担当／1999年 設計事務所勤務、公共建築物を主に担当／2008年 アトリエdoor一級建築士事務所設立

家をつくりたい方へのメッセージ

私は、自宅建築がきっかけで、住居の限られた空間にライフスタイルを詰め込んでいくプロセスと、小さくても良い空間が作れることにやりがいを見つけ、設計事務所を開設しました。建て主はみなさんそれぞれに違ったこだわりを持っています。つくる家も毎回違ったものになります。建て主と協議を重ね、イメージを具体化するプロセスを、一緒にそして楽しく進めていきたいと思っています。

家で一番好きな場所は?

ダイニング・リビングです。私の家のリビングダイニングには薪ストーブがあります。冬には家族が自然と集まりワイワイガヤガヤするとても暖かい空間。夏には山側に向けて大きく開いた窓から見える森の緑と清々しい空気を感じるとても気持ち良い場所。家の中心であるリビングダイニングは生活の中心となって家族のつながりを感じる場所です。ゆったりと寛げる空間でごろごろしたり、好きな曲を聞いたり、自分らしく過ごせるそんな場所が私は大好きです。

その他の設計作品

■見晴らしの家
2階リビングダイング
仕上げを白で統一

■古建具の家
床パーケットフロア
との相性が良い

■格子のある家
境界を緩やかにする格子門扉

上／畳スペース
天井までの可動間仕切りでフラットな壁になります
下／子供部屋　勾配天井でオープンスペース

上右／ボルダリング壁
体を鍛えられるスペースで、見た目も面白い
上左／玄関　窓側に自転車を置くエリア、
収納は大容量
下／外観　板と塗り壁で落ち着いた雰囲気

設計データ

- 敷地面積…500.01m^2（151.25坪）
- 延床面積…108.63m^2（32.86坪）
1階／64.25m^2（19.44坪）
2階／44.38m^2（13.42坪）
- 竣工年…2015年
- 用途地域…準工業地域
- 建ぺい率…40.21%
- 容積率…50.89%
- 構造…木造軸組工法
- 設計・監理…アトリエdoor 一級建築士事務所
〒320-0051 栃木県宇都宮市上戸祭町3011-40
TEL：028-623-7023 URL：http://atelier-door.com/
E-mail：info@atelier-door.com
- 施工…英昭建設 株式会社

case 13

本体施工費 1,600万円
家族構成........ 夫婦2人
場所............... 栃木県栃木市

生まれ変わった「信明堂」

上・下／コンパクトな外観ですが、丁寧につくられた重厚さと存在感があります

歴史を継承し ともに未来をはぐくむ家

平成の「信明堂」再建

敷地は街中のとても交通量の多い交差点の一角で、大きな南京ハゼの木が遠くからでも目立ち、公園のように見える素敵なところです。そこを通るたびにいつも見ていました。

古い建物(昔の「信明堂」という文房具店)が残っていましたが、この場所に建替えの設計を依頼されたとき、本当に嬉しく夢のようでした。建築主からの要望としては夫婦2人が寝泊まりできること、できるだけ「信明堂」の千本格子の建具や使える材料を再利用してほしいというものでした。駐車スペース以外は広い庭として使い、予算の中で薪ストーブも入れればなお有難いということで設計が始まりました。

子孫に夢を託す家

まず、建物は南京ハゼの木を残し、西日を避けながらその景色を楽しめるよう配置計画しました。駐車スペースも交差点から離れた出入りが便利な所にすぐ決まりました。

建築主は大変木が好きで、そして骨董品収集の趣味がある方でしたので、家は小さくても古い物の存在感に負けない太い梁や広葉樹の太い柱を設計に取り入れました。「信明堂」の建具はすべて再利用することができ、玄関の上がり框や和室に置く電蓄や水屋箪笥の下になる地板は、床の間に使われていた材を削って使用しました。庭に面した窓は風景を優しく切り取る木製窓で設計し、玄関ドアは樹齢を重ねた国産のミズナラでつくりました。こうして、家族や友人が集い皆で楽しめる家ができました。

建築家からのメッセージ

増田建徳 マスダ ケントク

●増田建徳建築設計室 代表

1953年　栃木県栃木市生まれ
東京電機大学工学部建築学課卒業
建築設計事務所・住宅会社勤務を経て
1984年　設計室設立
2005年　栃木県マロニエ建築賞受賞
木造住宅設計を得意とし、
この仕事を続けて32年目になります。

家をつくりたい方へのメッセージ

住宅設計はその家に住む人が望んでいるプランを考えることが第一だと考えています。木が好きで、広葉樹の柱や無垢材の床やカウンター・木製の建具（窓や玄関ドア含めて）を使いたい方、ぜひご相談ください。壁は珪藻土や漆喰などの塗り壁です。薪ストーブのある家の設計経験が豊富です。煉瓦や天然石（大谷石、御影石、十和田石）もよく使っています。流行とは無縁な家をこれまでも、そしてこれからも設計していきます。

趣味は何ですか?

国産の木の収集。板一枚でも設計や家具にどのように取り入れようかと思い巡らせて楽しんでいます。「あいうえお階段」は構想から10年かけて少しずつ集めて来た数十種類の材を使って、その都度組み合わせを考えています。「あ」から始まる木にも「アサダ」とか「アズキナシ」などもありますから。設計でも適材適所という言葉どおり、木の特性を生かした使い方を心掛けています。家に合わせた家具もデザインして作ることができます。

その他の設計作品

離れの茶室がある
数寄屋住宅

広い庭を楽しむ大屋根の家

築16年優美さを
増した家とその内部

あいうえお階段

名前が「あ」から始まって「せ」で終わる国産の14種類の違った木材を各段板に使用した階段です。

変化にとんだ美しい色合いとそれぞれの特徴ある肌触りを楽しめます。

この家の階段の場合、「アカマツ」から始まり「セン」の木で2階に上ります。

昔の「信明堂」の建具を再利用しました

2階はツインベッドを置いても余裕の広さ

10人の演奏者による
マンドリンミニコンサートが開かれました

8畳ほどの広さでも空間は豊かです

設計データ

- 敷地面積…462.48m^2（139.9坪）
- 延床面積…77.67m^2（23.5坪）

1階／57.84m^2（17.5坪）
2階／19.83m^2（6.0坪）

- 竣工年…2010年
- 用途地域…第一種中高層住居専用地域
- 建ぺい率…60%
- 容積率…200%
- 構造…木造在来工法
- 設計・監理…増田建徳建築設計室

〒329-4401　栃木県栃木市大平町牛久641
TEL：0282-23-2555　FAX：0282-23-2685
URL：http://www.cc9.ne.jp/~ginnomori/
E-mail：ginnomori@cc9.ne.jp

目に見えるものを閉じて心のなかの風景が開くことを願った住まい

case 14

本体施工費 3,000万円
家族構成........夫婦＋子供2人
場所...............栃木県那須塩原市

高林のすまい

建物が必要以上に目立たないように外壁を黒くして景色の中に沈みこませるようにした。
新緑の春、紅葉の秋であっても寡黙にとけ込んでくれる

周囲の雑木林にとけ込むように

住まい手とともに敷地を確認することから始まった住まいづくり。まずはロケーションを見てから住まいづくりを始めてほしいという住まい手の意向でした。

具体的な住まい手の要望としては、奥様の趣味である茶道のためのお茶室、寒い冬を快適に過ごすための断熱性能とご主人の要望である薪ストーブ。そして大切な家族の一員であるゴールデンレトリバーのアイちゃん、マリちゃんと一緒に過ごせる住まいにしたいというもの。雑木林の中に建つ一軒家だから、元々敷地に生えていた雑木林を極力切らずに周囲の風景にとけ込むように建てたいという設計者の思いがそこに加わりました。

言葉にならない思いを汲み取る

美しい雑木林の中に佇む住まいのコンセプトは「心の中の風景」。なにげない会話のやりとりや住宅調書に基づきながらも、住まい手の言葉にならない思いを汲みとることを心がけました。現地を訪れたときの「森の中にひっそりと佇むように」という思いはそのままに、そして、機能的に必要な開口部以外を極力抑えることで、形や姿は見えないが、より強く自然や森の気配を感じることができるように。目に見えるものを閉じて、心の中の風景が開かれるように…という願いを込めました。

初めて計画案を見ていただくときは、やっぱり緊張するものですが、計画案を笑顔でご覧になった住まい手のEさんご家族。ご主人から「設計を進めていただきましょうね」と嬉しいお言葉をいただきました。

建築家からのメッセージ

山形 誠 ヤマガタ マコト

●山形建築研究所 代表

1961年 栃木県宇都宮市生まれ／丑年・魚座・A型／1984年 足利工業大学建築学科卒業／1995年 山形建築研究所を宇都宮市に設立／好きなもの：お酒（種類は何でも）、お風呂（意外ときれい好き）、冬の晴れた日／好きな色：朱色・ふじいろ／苦手なもの：ふ（お吸い物などに入っているもの）／自己分析：性格はおっとり、シャイで意外とミーハー

家をつくりたい方へのメッセージ

和と洋の融合、できれば「和」の優位のもとに「洋」を包み込んだ空間を望んでいる方が多いのではないでしょうか。和と洋の並存する「かたい構造」から生まれる、ぎこちない境界をあいまいにして、私は和と洋が連続する「やわらかい構造」をつくりたいと考えています。そして、細部にこめた感性が住まい全体にひろがる、「和」の感性による現代的な住まいを目指しています。

趣味は何ですか？

趣味はカメラ。出掛けるときは忘れずに…というくらいの「GR DIGITAL」の信奉者になってしまっているようです。手に馴染んだ好きな道具が手放せなくなるのは、カメラに限ったことではないようです。

「あっ、撮りたい」と思った時の瞬間を写真に収める。そんなふうに生活を切り取るような写真がとれるようになるといいなぁと思いながら、趣味の写真を楽しんでいます。

その他の設計作品

■**ふたつの箱**（夜景）

若いご夫婦がそっと寄り添っている様子を案の中にとかしこむこと

■**アトリエのあるすまい**（夜景）

モノを創りだすための空間である、アトリエ…そこには独特の緊張感のようなものを感じずにはいられない

薪ストーブのあるすまい3点

亭主（奥様）の趣味にあわせて
ディティールまでつくり込まれた本格的な茶室

茶室（広間）の障子を開けると
目の前には静かな雑木林が広がる。
森の中に佇む静かな茶室

玄関ホールから階段を介して
ファミリールームの様子がみえる。
茶室・ファミリールーム・寝室を階段が貫いていて、
縦に伸びた空間を階段を
昇ることで追うことができる

設計データ

- 敷地面積…629.49 m^2（190.42坪）
- 延床面積…156.12 m^2（47.22坪）
1階／108.97 m^2（32.96坪）
2階／37.15 m^2（11.23坪）
- 竣工年…2012年
- 用途地域…指定なし
- 建ぺい率…60%
- 容積率…200%
- 構造…木造在来工法
- 設計・監理…有限会社 山形建築研究所
〒320-0043 宇都宮市桜5-2-7 鈴木ビル2F
TEL：028-638-5775　FAX：028-638-5072
URL：http://www2.ucatv.ne.jp/~ymgt.snow/
E-mail：ymgt@snow.ucatv.ne.jp
- 施工…君島建築 有限会社

高林の澄んだ冬の空

目に見えるものを閉じて、
心の中の風景が開かれるように…
という願いを込めた、家族4人で暮らす、
ほぼ平屋の、さらに茶室をもった
森の中のすまい

建築家index

case 01

荒井慎司

インデコード design office

- 住所：〒321-0401
  栃木県宇都宮市上小倉町2571-1
  Natural works village内
- TEL：028-601-0196
- FAX：028-601-0196
- URL：http://in-de-code.net/
- E-mail：info@in-de-code.net

case 02

飯田 亮

飯田亮建築設計室

- 住所：〒329-0617
  栃木県河内郡上三川町
  上蒲生2351-7 citta di garage B1
- TEL：0285-39-6781
- FAX：0285-39-6783
- URL：iida-arc.net
- E-mail：info@iida-arc.net

case 03

礒 務

ISO設計室

- 住所：〒329-1233
  栃木県塩谷郡高根沢町宝積寺
  1033-12
- TEL：028-675-6372
- FAX：028-675-6372
- URL：http://www.iso-sekkei.com/
- E-mail：iso-tsutomu@nifty.com

case 04

大橋文彦

下野建築設計室

- 住所：〒329-0415
  栃木県下野市川中子4-227
- TEL：0285-35-6789
- FAX：027-202-0084
- URL：http://smtk-a.com
- E-mail：info@smtk-a.com

case 05

川島 庸

design office ON

- 住所：〒327-0007
  栃木県佐野市金吹町2355
- TEL：0283-23-3102
- FAX：0283-23-3102
- URL：http://designofficeon.com
- E-mail：mail@designofficeon.com

case 06

神原浩司＋神原敦子

かんばら設計室

- 住所：〒321-0152
  栃木県宇都宮市西川田5-24-3
- TEL：028-645-7820
- FAX：028-645-7820
- URL：http://www.kan-bara.com/
- E-mail：barakan@beige.ocn.ne.jp

case 07

栗原 弘

栗原弘建築設計事務所

- 住所：〒327-0821
  栃木県佐野市高萩町1235-19
- TEL：0283-24-7099
- FAX：0283-24-7176
- URL：http://www.hkarchi.com
- E-mail：info@hkarchi.com

case 08

佐藤大介

創右衛門一級建築士事務所

- 住所：〒320-0046
  栃木県宇都宮市西一の沢町13-16
- TEL：028-348-0224
- FAX：028-348-0224
- URL：http://souemon.net
- E-mail：souemon@rd5.so-net.ne.jp

case 09

関口岳志

岳設計工房

- 住所：〒327-0843
  栃木県佐野市堀米町3651
- TEL：0283-27-0306
- FAX：0283-27-0206
- URL：http://gaku-architect.jp
- E-mail：info@gaku-architect.jp

case 10

中山大輔

㈱中山大輔建築設計事務所

- 住所：〒321-0118
  栃木県宇都宮市インターパーク
  3-3-7-603
- TEL：028-902-8353
- FAX：028-902-8354
- URL：http://www.nkym-aaa.com
- E-mail：info@nkym-aaa.com

case 11

長谷川 拓也

長谷川拓也建築デザイン／ADT

- 住所：〒321-0132
  栃木県宇都宮市雀の宮1-6-1-105
- TEL：028-678-9173
- FAX：028-678-9173
- URL：http://www.adt-design.net/
- E-mail：info@adt-design.net

case 12

本田昌平

アトリエdoor 一級建築士事務所

- 住所：〒320-0051
  栃木県宇都宮市上戸祭町3011-40
- TEL：028-623-7023
- URL：http://atelier-door.com/
- E-mail：info@atelier-door.com

case 13

増田建徳

増田建徳建築設計室

- 住所：〒329-4401
  栃木県栃木市大平町牛久641
- TEL：0282-23-2555
- FAX：0282-23-2685
- URL：
  http://www.cc9.ne.jp/~ginnomori/
- E-mail：ginnomori@cc9.ne.jp

case 14

山形 誠

㈲山形建築研究所

- 住所：〒320-0043
  栃木県宇都宮市桜5-2-7 鈴木ビル2F
- TEL：028-638-5775
- FAX：028-638-5072
- URL：http://www2.ucatv.ne.jp
  /~ymgt.snow/
- E-mail：ymgt@snow.ucatv.ne.jp

栃木の建築家とつくる家

2016年3月31日初版発行

編集……………………建築ジャーナル編集部
（小田保彦，吉田 弦）

発行人………………竹下 孝

発行所………………企業組合 建築ジャーナル
〒101-0032 東京都千代田区岩本町3-2-1
共同ビル新岩本町4F
TEL：03-3861-8101
FAX：03-3861-8205
HP：http://www.kj-web.or.jp

ブックデザイン……村上 和

イラスト………………梶見希一（カバー）
古谷 萌（本文）

印刷・製本…………株式会社 明祥

定価はカバーに表示されています。
ISBN978-4-86035-102-1

この書籍についてのご意見・ご感想を
下記のアドレスまでお寄せください。
webmaster02@kj-web.or.jp